KÜNSTLICHE INTELLIGENZ

&

BLOCKCHAIN

Eine neue Ära der digitalen Innovation

Impressum

Matthäus Kandzia

Stettiner Str. 11a

58515 Lüdenscheid

E-Mail-Adresse: matthaeus_kandzia@web.de

Umschlag, Illustration: Matthäus Kandzia

Erscheinungsdatum: 01.04.2023

ISBN: 979-8-3879-2194-0

Imprint: Independently Published

Inhalt

00 | VORWORT

Die Kombination von Künstlicher Intelligenz (KI) und Blockchain-Technologie ist eine der faszinierendsten Entwicklungen unserer Zeit. Während die KI für ihre Fähigkeit bekannt ist, komplexe Probleme durch maschinelles Lernen und Deep Learning zu lösen, bietet die Blockchain-Technologie eine dezentrale und transparente Plattform für sichere und effiziente Transaktionen und Datenübertragungen. Die Kombination beider Technologien eröffnet ein breites Spektrum an Anwendungen und Innovationsmöglichkeiten, die die Art und Weise, wie wir leben, arbeiten und interagieren, verändern können.

Dieses Buch bietet einen umfassenden Einblick in die Grundlagen der KI und der Blockchain-Technologie sowie deren Kombination. Es zeigt, wie diese Technologien genutzt werden können, um wertvolle Lösungen für komplexe

Probleme zu liefern und neue Geschäftsmöglichkeiten zu schaffen. Es behandelt die Chancen und Herausforderungen, die sich aus der Kombination von KI und Blockchain ergeben, sowie aktuelle Trends und zukünftige Entwicklungen in diesem Bereich.

Spätestens seit dem Start von OpenAI's ChatGPT ist KI in aller Munde und das zu Recht. Im Gegensatz zum Metaverse-Hype des letzten Jahres sehe ich persönlich in der KI nützlichere Anwendungen und eine weitaus größere Adaption. Als Informatiker und „Nerd" finde ich das Metaverse natürlich spannend, nicht zuletzt durch den Blockbuster „Ready Player One". Der Film entspricht meiner Vorstellung vom Metaverse. Allerdings benötigt man auch hier eine VR-Brille, um das Metaverse betretten zu können. Und solange AR- oder VR-Hardware nur von einem Bruchteil der Menschen genutzt wird (nicht zuletzt wegen der Kosten), sind alle Metaverse-Projekte eher ein „Abklatsch" von SimCity oder SecondLife. Das zeigt auch das folgende Beispiel:

EU startet und blamiert sich im Metaverse

Ende 2022 wollte die Europäische Kommission junge und politisch engagierte Menschen erreichen. Dazu sollte eine Party stattfinden. Als Location wurde das Metaverse gewählt, schließlich war es damals in aller Munde. Die Kosten für das Projekt beliefen sich auf 387.000 €. Zielgruppe waren EU-Bürger zwischen 18 und 35 Jahren, die dadurch mit der EU-Politik in Berührung kommen sollten. Es nahmen 5 Personen teil. Ich schreibe es gerne noch einmal: **fünf.**

Das hat sich auf jeden Fall gelohnt.

Künstliche Intelligenz hingegen wird bereits eingesetzt und wird in den kommenden Jahren sicherlich exponentiell zunehmen. Ich selbst habe mit Text-to-Speech (Video) KIs gearbeitet, mit ChatBots wie ChatGPB oder grafischen KIs wie Midjourney. Und das Ergebnis und die Erfahrung waren immer großartig. Vor 10-15 Jahren war ich im Bereich Webdesign beschäftigt. Kunden wollten immer 2-3 Entwürfe oder einen Prototypen. Beides hat entsprechend Zeit in

Anspruch genommen. Heute kann ich KIs für beides einsetzen und habe in wenigen Minuten erste vorzeigbare Ergebnisse. Wie wird das in ein oder zwei Jahren aussehen? Wo werden wir KI einsetzen? Werden wir überhaupt merken, dass wir mit KI arbeiten? Selbst mir ist es bei ChatGPT schon passiert, dass ich die KI gebeten habe, mir etwas zu liefern, weil die Kommunikation und die Antworten so „menschlich" waren, dass ich vergessen habe, nicht mit Arbeitskollegen über MS-Teams oder Slack zu sprechen, sondern mit einem Programm.

Was erwartet uns in fünf Jahren? Werden KIs neue KIs schaffen? Wird ihr Einsatz exponentiell zunehmen? Neben der Künstlichen Intelligenz ist die Blockchain-Technologie ebenfalls eine greifbare neue Technologie, deren Anwendung bereits einen gewissen Adaptionsgrad erreicht hat. Aus diesem Grund ist das Buch in zwei Teile gegliedert. Im ersten Teil geht es um KI im Allgemeinen. Wie sieht ihre Geschichte aus, welche Arten gibt es und welche Anwendungsfälle stehen uns bevor bzw. begegnen uns bereits. Im zweiten Teil geht es dann um die Verbindung mit der Blockchain-Technologie. Der Blockchain-Teil endet mit der Vorstellung von zehn interessanten KI & Big Data-Projekten.

Off-Topic: Kurzer Überblick über den Einsatz von Künstlicher Intelligenz und entsprechenden Werkzeugen. Hier eine Darstellung bekannter Online-Anwendungen und der Zeit, die sie benötigen, um eine Million Nutzer zu erreichen:

10	Netflix	3,5 Jahre
9	Kickstarter	2,5 Jahre
8	Airbnb	2,5 Jahre
7	Twitter	2 Jahre
6	Foursquare	13 Monate
5	Facebook	10 Monate
4	DropBox	7 Monate
3	Spotify	5 Monate
2	Instagram	2,5 Monate
1	**ChatGPT**	**5 Tage**

01 | WAS IST INTELLIGENZ

Intelligenz ist ein Begriff, der im Laufe der Zeit unterschiedlich definiert wurde. Im Allgemeinen bezieht sich Intelligenz jedoch auf die Fähigkeit, Informationen zu verarbeiten und auf dieser Grundlage Entscheidungen zu treffen. Intelligenz kann in verschiedenen Bereichen wie Wissenschaft, Psychologie, künstliche Intelligenz und Bildung diskutiert werden.

Sie kann als Kombination verschiedener Faktoren verstanden werden, darunter kognitive Fähigkeiten, kreatives Denken, Problemlösungsfähigkeiten und soziale Kompetenz. Diese Faktoren können sich jedoch von Person zu Person unterscheiden, da jeder Mensch eine einzigartige Kombination von Fähigkeiten und Eigenschaften besitzt.

Traditionell wurde Intelligenz mit Hilfe von Intelligenztests gemessen, die darauf abzielen, die kognitiven Fähigkeiten einer Person zu bestimmen. Solche Tests werden in der Regel verwendet, um die akademische Leistung von Schülern zu bewerten oder um potenzielle Bewerber für bestimmte Berufe auszuwählen. Kritiker argumentieren jedoch, dass diese Tests nicht in der Lage sind, das gesamte Spektrum der Intelligenz zu erfassen, und dass sie die einzigartigen Fähigkeiten und Perspektiven jedes Einzelnen nicht berücksichtigen.

Es gibt auch verschiedene Arten von Intelligenz, wie z. B. emotionale Intelligenz, die sich auf die Fähigkeit bezieht, Emotionen zu erkennen, zu verstehen und zu regulieren, sowohl bei sich selbst als auch bei anderen. Es gibt ebenfalls praktische Intelligenz, die sich auf die Fähigkeit bezieht, alltägliche Probleme zu lösen und praktische Lösungen für alltägliche Probleme zu finden. Andere Arten von Intelligenz sind z. B. logisch-mathematische Intelligenz, räumliche Intelligenz oder musikalische Intelligenz.

Insgesamt ist Intelligenz ein vielschichtiges und komplexes Konzept, das in vielen verschiedenen Bereichen diskutiert und erforscht wird. Es ist wichtig, sowohl die verschiedenen Arten von Intelligenz zu verstehen als auch anzuerkennen, dass jeder Mensch eine einzigartige Kombination von Fähigkeiten und Eigenschaften besitzt. Intelligenz kann auch im Zusammenhang mit der Entwicklung von KI-Systemen diskutiert werden, da die Fähigkeit von Computern, komplexe Informationen schnell zu verarbeiten, die Art und Weise verändert, wie wir Aufgaben erledigen und Entscheidungen treffen.

Die Entwicklung von KI-Systemen wirft jedoch auch ethische Fragen auf. Beispielsweise kann der Einsatz von KI-Systemen dazu führen, dass menschliche Arbeitsplätze ersetzt werden und KI-Systeme möglicherweise nicht in der Lage sind, ethische Entscheidungen zu treffen. Es ist wichtig, diese Bedenken im Auge zu behalten und sicherzustellen, dass KI-Systeme auf ethische und verantwortungsvolle Weise entwickelt werden.

Intelligenz ist ebenso ein wichtiges Thema in der Bildung. Es gibt viele verschiedene Methoden zur Förderung der Intelligenz, einschließlich pädagogischer Ansätze, die darauf abzielen, kreatives Denken und Problemlösungsfähigkeiten zu entwickeln. Wichtig ist auch, dass die Förderung der Intelligenz nicht nur für akademische Zwecke wichtig ist, sondern auch für die persönliche Entwicklung und den Erfolg im Berufsleben.

Insgesamt ist Intelligenz ein wichtiger Aspekt des menschlichen Geistes und der menschlichen Fähigkeit, komplexe Informationen zu verarbeiten und Entscheidungen zu treffen. Es gibt viele verschiedene Arten von Intelligenz, und es ist wichtig, sowohl die verschiedenen Arten zu verstehen als auch die einzigartigen Fähigkeiten und Perspektiven jedes Einzelnen zu berücksichtigen. Die Entwicklung von KI-Systemen wirkt sich auch auf die Art und Weise aus, wie wir Aufgaben erledigen und Entscheidungen treffen, und es muss sichergestellt werden, dass die Entwicklung von KI-Systemen ethisch vertretbar und verantwortungsbewusst erfolgt.

02 | KÜNSTLICHE INTELLIGENZ

Menschliche Intelligenz hat die Menschheit schon immer fasziniert und die Frage nach ihrer Reproduzierbarkeit aufgeworfen. Die Entwicklung von Computern und Algorithmen hat es in den letzten Jahrzehnten ermöglicht, Maschinen so zu programmieren, dass sie menschenähnliche Intelligenzleistungen erbringen können.

Was ist Künstliche Intelligenz?

Künstliche Intelligenz (KI) ist ein Teilgebiet der Informatik, das sich damit befasst, Computern und Maschinen die Fähigkeit zu verleihen, wie Menschen zu denken, zu lernen und zu handeln. Es geht also darum, Computer so zu programmieren, dass sie menschenähnliche Entscheidungen treffen und Handlungen ausführen können.

KI-Systeme verwenden komplexe Algorithmen und Methoden aus verschiedenen Bereichen der Mathematik, Informatik und Statistik, um menschliche Denkprozesse zu modellieren und nachzuahmen. Dazu gehören beispielsweise die Verarbeitung von Sprache und Bildern, das Lernen aus Erfahrungen und das Treffen von Entscheidungen. Es gibt verschiedene Arten von KI-Systemen, darunter schwache und starke KI. Schwache KI-Systeme werden heute am häufigsten eingesetzt und sind in der Lage, spezifische Aufgaben auszuführen, für die sie programmiert wurden, beispielsweise Sprach- oder Gesichtserkennung. Starke KI hingegen ist in der Lage, menschenähnliche Entscheidungen zu treffen und Handlungen auszuführen und wird derzeit in Forschung und Entwicklung weiterentwickelt. KI-Systeme werden heute in vielen Bereichen eingesetzt, z. B. in der Medizin, in der Automobilindustrie, im Finanzwesen und in der

Unterhaltungsindustrie. Sie können zur Steigerung der Produktivität und Effizienz, aber auch zur Entwicklung neuer Technologien und zur Lösung komplexer Probleme eingesetzt werden. Es ist jedoch wichtig, auch die potenziellen Risiken und Herausforderungen zu berücksichtigen, die mit der Entwicklung und Nutzung von KI-Systemen verbunden sind. Dazu gehören Bedenken hinsichtlich der Auswirkungen auf Beschäftigung und Wirtschaft, der Datensicherheit und der Möglichkeit von Fehlentscheidungen aufgrund von Voreingenommenheit oder unzureichender Überwachung.

Geschichte und Entwicklung der KI

Die Geschichte der Künstlichen Intelligenz (KI) reicht bis in die 1950er Jahre zurück, als erste Versuche unternommen wurden, Computer so zu programmieren, dass sie menschenähnliche Fähigkeiten entwickeln und ausführen konnten. Ziel war es, Maschinen zu schaffen, die selbstständig Entscheidungen treffen und komplexe Probleme lösen können.

Die Anfänge der KI-Forschung

1956 fand am Dartmouth College eine Konferenz statt, die als Geburtsstunde der KI-Forschung gilt. Wissenschaftler wie John McCarthy, Marvin Minsky und Claude Shannon trafen sich, um über die Möglichkeit zu diskutieren, Maschinen so zu programmieren, dass sie selbstständig denken können. Ziel war es, eine "allgemeine künstliche Intelligenz" zu schaffen, die in der Lage ist, jede Art von Denkaufgabe zu lösen, die auch von einem Menschen gelöst werden kann.

In den 1960er und 1970er Jahren wurden große Fortschritte bei der Entwicklung von KI-Systemen erzielt. Wissenschaftler entwickelten Algorithmen und Modelle, um Probleme wie Spracherkennung, Bildverarbeitung und Entscheidungsfindung zu lösen. Außerdem wurden Expertensysteme entwickelt, die das Wissen von Fachleuten auf einem bestimmten Gebiet sammeln und nutzen können.

Bald stellte sich jedoch heraus, dass die Entwicklung von KI-Systemen weitaus schwieriger war als ursprünglich angenommen. Die meisten KI-Systeme konnten nur sehr spezifische Aufgaben lösen und waren nicht in der Lage, menschenähnliche Denkprozesse durchzuführen.

Die Herausforderungen der KI-Forschung

In den 1980er und 1990er Jahren wurde die KI-Forschung aufgrund der Schwierigkeiten bei der Entwicklung von KI-Systemen zurückgedrängt. Eines der Hauptprobleme war die Fähigkeit von Maschinen, menschliche Sprache und Bedeutung zu verstehen. Es war schwierig, Regeln und Modelle zu entwickeln, die die Komplexität der menschlichen Sprache erfassen konnten. Eine weitere Herausforderung war die Fähigkeit von Maschinen, Erfahrungen und Wissen zu sammeln und zu nutzen. Es war schwierig, Maschinen so zu programmieren, dass sie aus Erfahrungen lernen und selbstständig Entscheidungen treffen konnten. KI-Systeme waren oft sehr starr und unflexibel und konnten nicht auf sich ändernde Umstände oder neue Informationen reagieren.

Fortgeschrittene Entwicklungen in der KI

In den 2000er Jahren wurden jedoch Fortschritte bei der Entwicklung von KI-Systemen erzielt, insbesondere durch den Einsatz von maschinellem Lernen (Machine Learning) und neuronalen Netzen. Maschinelles Lernen ist eine Methode, die es Maschinen ermöglicht, aus Daten und Erfahrungen zu lernen, ohne explizit programmiert zu werden. Neuronale Netze sind computergestützte Modelle, die auf der Funktionsweise des menschlichen Gehirns basieren und in der Lage sind, komplexe Muster in Daten zu erkennen. Diese Fortschritte haben zu einer neuen Ära der KI-Forschung geführt, die als "KI-Revolution" bezeichnet wird. Maschinelles Lernen und neuronale Netze haben die

Entwicklung von Systemen ermöglicht, die in der Lage sind, Sprache zu verstehen, Bilder zu erkennen und Entscheidungen auf der Grundlage von Erfahrungen zu treffen.

Ein Beispiel für den Einsatz von KI ist das autonome Fahren. Dabei werden mit Sensoren und Kameras Daten gesammelt, die von KI-Systemen analysiert werden, um Entscheidungen über das Fahrverhalten zu treffen. Die Entwicklung autonomer Fahrzeuge ist ein wichtiger Schritt in eine Zukunft, in der KI-Systeme eine immer wichtigere Rolle spielen werden. Ein anderes Beispiel ist die Robotik. In der Robotik werden KI-Systeme eingesetzt, um Roboter so zu programmieren, dass sie menschenähnliche Aufgaben ausführen können. Beispielsweise werden Roboter in der Produktion eingesetzt, um Aufgaben wie das Montieren von Bauteilen oder das Sortieren von Produkten zu übernehmen. Auch in der medizinischen Diagnostik kommen KI-Systeme zum Einsatz. Hier werden KI-Systeme eingesetzt, um große Mengen medizinischer Daten zu analysieren und Muster zu erkennen, die auf bestimmte Krankheiten hinweisen können.

Dies kann dazu beitragen, Krankheiten früher zu erkennen und zu behandeln.

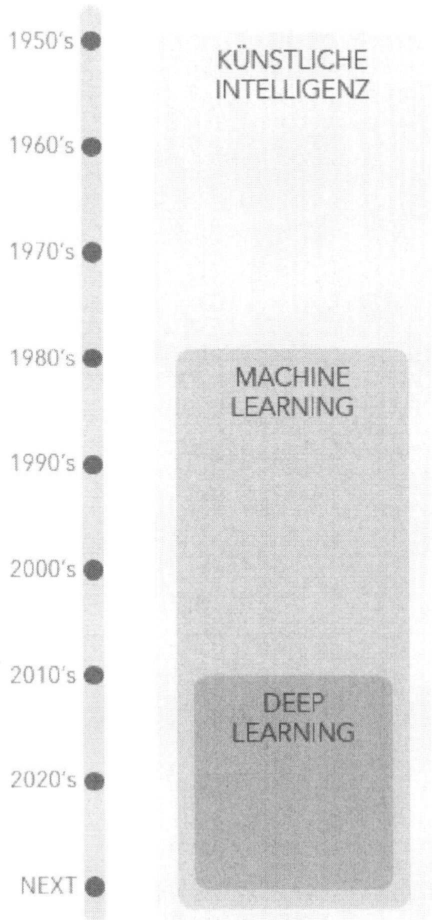

Abbildung 1 | Die Geschichte der Künstlichen Intelligenz

Zusammenfassend lässt sich sagen, dass die Geschichte der Künstlichen Intelligenz von vielen Fortschritten und Rückschlägen geprägt ist. In den letzten Jahren haben die Fortschritte bei der Entwicklung von KI-Systemen jedoch zu einer neuen Ära geführt, in der KI-Systeme immer mehr Aufgaben übernehmen und unser tägliches Leben verändern werden.

03 | TECHNOLOGISCHE GRUNDLAGEN

Die technologischen Grundlagen der KI umfassen Algorithmen, Datenstrukturen und Programmiersprachen, die es Computern ermöglichen, menschenähnliche Intelligenz aufzubauen und komplexe Aufgaben zu erledigen. Dazu gehören beispielsweise neuronale Netze, Entscheidungsbäume und funktionale Typen.

Kategorien von Künstlicher Intelligenz

Stark und schwach - diese beiden Begriffe werden häufig verwendet, um Künstliche Intelligenz (KI) zu beschreiben. Mit diesen Termini wird die Fähigkeit von KI beschrieben,

Entscheidungen zu treffen und Probleme zu lösen, die denen des Menschen ähnlich sind.

Schwache KI, auch "enge" oder "aufgabenorientierte" KI genannt, ist darauf ausgelegt, eine bestimmte Aufgabe oder Problemlösung zu erfüllen. Diese Form der KI ist bereits weit verbreitet und findet in vielen Bereichen Anwendung, z. B. in der Bild- und Spracherkennung, bei Chatbots oder in der Prozessoptimierung. Schwache KI kann auch bei der automatisierten Entscheidungsfindung und Datenanalyse hilfreich sein, z. B. bei der Risikobewertung von Geldanlagen oder der Erkennung von Mustern in medizinischen Daten.

Im Gegensatz dazu ist starke oder "allgemeine" KI in der Lage, eine Vielzahl von Aufgaben und Problemen zu lösen und Entscheidungen zu treffen, die denen des Menschen ähnlicher sind. Hier geht es darum, dass die KI in der Lage ist, zu lernen, sich weiterzuentwickeln und sich ohne menschliches Eingreifen selbst zu verbessern. Diese Form der KI befindet sich derzeit noch im Forschungsstadium und wird von vielen Experten als das nächste große Ziel in der Entwicklung der KI angesehen.

Während schwache KI für viele praktische Anwendungen ausreicht, hat starke KI das Potenzial, die Welt in viel größerem Umfang zu verändern. Wenn es gelingt, eine KI zu entwickeln, die in der Lage ist, menschenähnliche Entscheidungen zu treffen, könnte dies erhebliche Auswirkungen auf alle Bereiche der Gesellschaft haben, von der Wirtschaft über das Gesundheitswesen bis hin zur nationalen Sicherheit.

Die Entwicklung starker KI ist jedoch auch mit Risiken und Herausforderungen verbunden, da es schwierig sein kann sicherzustellen, dass die Entscheidungen und Handlungen der KI mit menschlichen Werten und Ethik vereinbar sind. Es bestehen auch Bedenken hinsichtlich des Datenschutzes und der Kontrolle über die von starker KI getroffenen Entscheidungen.

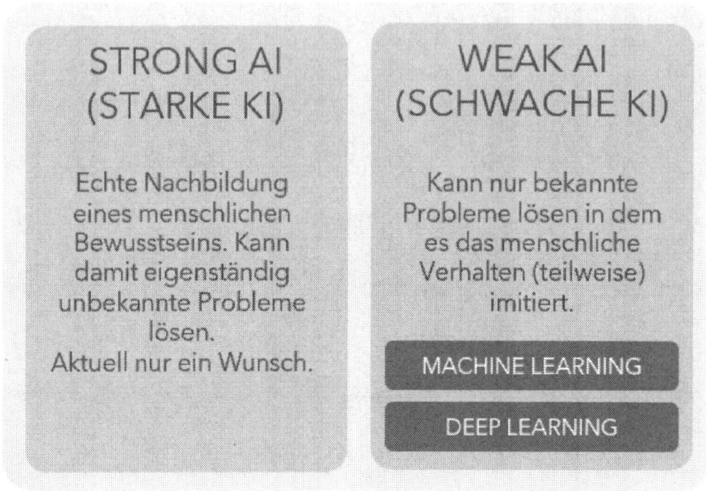

Abbildung 2 | Klassifizierung von Künstlicher Intelligenz

Insgesamt ist die Unterscheidung zwischen schwacher und starker KI wichtig, um die verschiedenen Anwendungen und Potenziale von KI zu verstehen und ihre Entwicklung auf verantwortungsvolle Weise zu fördern. Nach der Klassifizierung, können die verschiedenen Typen betrachtet werden. Dabei werden die verschiedenen Typen von Künstlicher Intelligenz (KI) in ihrer Funktionsweise und ihrem Leistungspotenzial unterschieden.

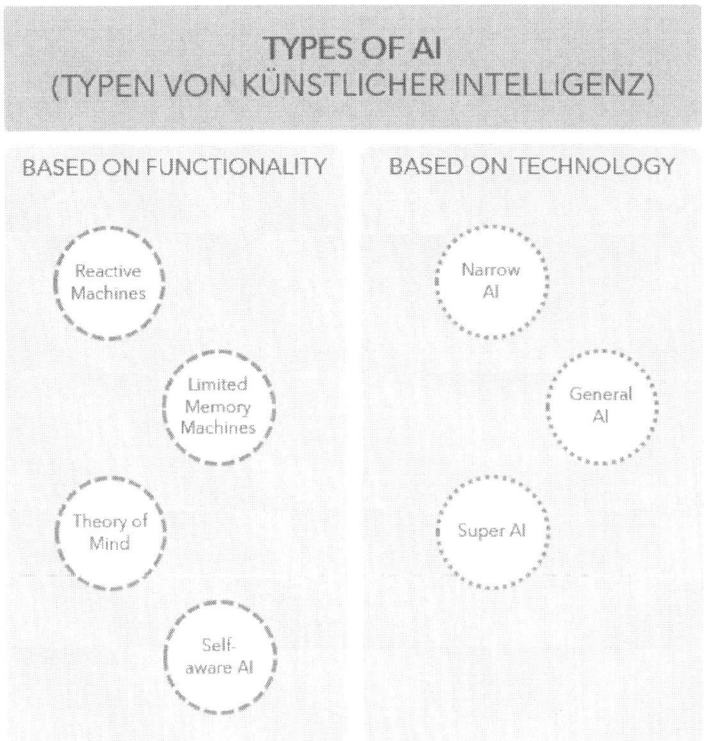

Abbildung 3 | Typen von Künstlicher Intelligenz

Funktionale Typen von KI

Künstliche Intelligenz (KI) ist ein schnell wachsendes Gebiet, und es gibt verschiedene Arten von KI, die sich in ihrer Funktionalität unterscheiden. Zu den Hauptkategorien der KI gehören reaktive Maschinen, Maschinen mit begrenztem Gedächtnis, Theory of Mind (Theorie des Geistes) und selbstbewusste KI. Jede Art von KI hat ihre eigenen Stärken und Grenzen und ist für bestimmte Aufgaben konzipiert.

Reactive Machines (Reaktive Maschinen)

Reaktive Maschinen sind die einfachste Form der KI. Sie sind darauf ausgelegt, auf bestimmte Situationen zu reagieren. Diese Maschinen sind nicht in der Lage, aus früheren Erfahrungen zu lernen oder ihr Gedächtnis zu nutzen, um zukünftige Entscheidungen zu treffen. Sie sind darauf programmiert, auf bestimmte Eingaben zu reagieren, z. B. ein

Objekt in einem Bild zu erkennen oder eine Partie Schach zu spielen. Beispiele für reaktionsfähige Maschinen sind Sprachassistenten wie Siri und Alexa, die auf bestimmte Befehle reagieren können, deren Bedeutung sie jedoch nicht verstehen.

Limited Memory (Begrenztes Gedächtnis)

Künstliche Intelligenz mit begrenztem Gedächtnis hat die Fähigkeit, aus früheren Erfahrungen zu lernen und dieses Wissen für künftige Entscheidungen zu nutzen. Diese Systeme können Daten aus früheren Interaktionen nutzen, um ihre Leistung im Laufe der Zeit zu verbessern. KI mit begrenztem Gedächtnis wird häufig in Anwendungen wie Chatbots für den Kundendienst oder Empfehlungssystemen eingesetzt, die Produkte auf der Grundlage früherer Käufe vorschlagen. Beispiele für KI mit begrenztem Gedächtnis sind der Empfehlungsalgorithmus von Netflix, der Inhalte auf der Grundlage früherer Sehgewohnheiten vorschlägt, und selbstfahrende Autos, die Daten früherer Fahrten zur Entscheidungsfindung nutzen.

Theory of Mind (Theorie des Geistes)

Theory of Mind KI ist darauf ausgelegt, die mentalen Zustände anderer Menschen zu verstehen, einschließlich ihrer Überzeugungen, Gefühle und Wünsche. Diese Systeme können diese Informationen nutzen, um das Verhalten anderer vorherzusagen und ihr eigenes Verhalten entsprechend anzupassen. Künstliche Intelligenz steckt noch in den Kinderschuhen, kann aber in Bereichen wie der Gesundheitsfürsorge und der Psychologie eingesetzt werden, wo das Verständnis der mentalen Zustände von Patienten von entscheidender Bedeutung ist. Derzeit wird Theory of Mind KI hauptsächlich in der Forschung eingesetzt, um menschliches Verhalten und Entscheidungsfindung besser zu verstehen.

Self-Aware AI (Selbstlernende KI)

Selbstlernende KI ist die am weitesten fortgeschrittene Form von KI, die in der Lage ist, ihre eigene Existenz und ihr eigenes Bewusstsein zu verstehen. Diese Art von KI ist noch rein hypothetisch und wurde noch nicht in die Praxis umgesetzt. Forscher arbeiten jedoch aktiv an der Entwicklung selbstbewusster KI, die in Bereichen wie der Robotik eingesetzt werden könnte, wo Maschinen ein besseres Verständnis ihrer Umgebung und ihrer eigenen Grenzen entwickeln könnten.

Zusammenfassend lässt sich sagen, dass es verschiedene Arten Künstlicher Intelligenz gibt, die sich in ihrer Funktionalität unterscheiden und jeweils für bestimmte Aufgaben konzipiert sind. Reaktive Maschinen, KI mit begrenztem Gedächtnis, KI mit theoretischer Intelligenz und selbstbewusste KI sind die vier Haupttypen der KI. Jede hat ihre eigenen Stärken und Grenzen und kann in verschiedenen Bereichen eingesetzt werden, z. B. im

Kundendienst, im Gesundheitswesen und in der Robotik. Mit der Weiterentwicklung der KI wird es interessant sein zu sehen, wie sich diese verschiedenen Arten von KI entwickeln und zu unserem Leben beitragen.

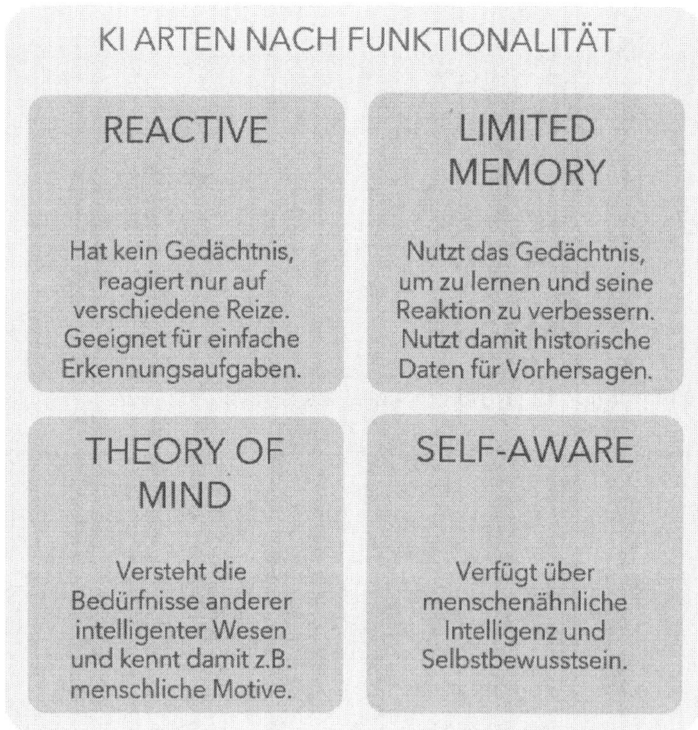

Abbildung 4 | KI-Arten nach Funktionalität

Betrachten wir Abbildung 4, so befinden wir uns derzeit auf Stufe zwei von vier. Das begrenzte Gedächtnis spiegelt den aktuellen Entwicklungsstand der Künstlichen Intelligenz wider.

Stufen der Künstlichen Intelligenz

Künstliche Intelligenz (KI) ist ein weites Feld der Informatik, das sich mit der Entwicklung von Maschinen befasst, die Aufgaben ausführen können, die normalerweise menschliche Intelligenz erfordern, wie visuelle Wahrnehmung, Spracherkennung, Entscheidungsfindung und Verarbeitung natürlicher Sprache. KI kann nach verschiedenen Kriterien eingeteilt werden. Eines der wichtigsten Kriterien für die Kategorisierung von KI ist der Grad der Intelligenz, den sie besitzt. Auf der Grundlage dieses Kriteriums gibt es drei Stufen von KI: Artificial Narrow

Intelligence (ANI), Artificial General Intelligence (AGI) und Artificial Superintelligence (ASI).

Künstliche Intelligenz im engeren Sinne (ANI)

Künstliche enge Intelligenz, auch bekannt als schwache KI, bezieht sich auf KI, die für die Ausführung einer bestimmten Aufgabe oder einer Reihe von Aufgaben entwickelt und trainiert wurde. ANI-Systeme können nur die Aufgaben ausführen, für die sie speziell programmiert wurden, und lassen sich nicht auf andere Aufgaben oder Bereiche übertragen. Beispiele für ANI sind Sprachassistenten wie Siri oder Alexa, Bilderkennungssoftware und Empfehlungsalgorithmen, die von E-Commerce-Plattformen verwendet werden.

Künstliche allgemeine Intelligenz (AGI)

Künstliche allgemeine Intelligenz, auch bekannt als starke KI oder KI auf menschlichem Niveau, bezieht sich auf KI, die jede intellektuelle Aufgabe ausführen kann, die auch ein Mensch ausführen kann. AGI ist in der Lage zu lernen, zu denken, natürliche Sprache zu verstehen und Probleme in einer Vielzahl von Bereichen zu lösen. AGI gilt als der heilige Gral der KI-Forschung, und obwohl bereits erhebliche Fortschritte erzielt wurden, bleibt sie ein langfristiges Ziel. Gegenwärtig gibt es noch kein AGI-System.

Künstliche Superintelligenz (ASI)

Künstliche Superintelligenz bezieht sich auf KI, die die menschliche Intelligenz in allen Bereichen übertrifft, einschließlich Kreativität, sozialer Fähigkeiten und Allgemeinwissen. ASI ist noch ein theoretisches Konzept, aber viele Forscher glauben, dass sie eine erhebliche Bedrohung für die menschliche Existenz darstellen könnte, wenn sie nicht richtig entwickelt und kontrolliert wird. Die Möglichkeit von ASI wirft wichtige ethische und philosophische Fragen auf, die vor ihrer Entwicklung geklärt werden müssen.

Abbildung 5 | Stadien der Künstlichen Intelligenz

Zusammenfassend lässt sich sagen, dass ANI, AGI und ASI unterschiedliche Stufen der KI-Intelligenz darstellen. Während ANI die heute am weitesten verbreitete Form der KI ist, sind AGI und ASI noch theoretisch und stehen im Mittelpunkt der laufenden Forschung. Das Verständnis dieser

Kategorien ist für die Entwicklung sicherer und nützlicher KI-Systeme in der Zukunft unerlässlich.

Künstliche Intelligenz ist somit der Oberbegriff für jede Art von Technologie, die es einer Maschine oder einem Computer ermöglicht, menschenähnliche Intelligenz zu entwickeln. Dazu gehören verschiedene Ansätze wie symbolische oder regelbasierte KI, aber auch Machine Learning und Deep Learning. Sie sind somit als Teilbereiche der Künstlichen Intelligenz zu verstehen.

Machine Learning und Deep Learning

Maschinelles Lernen ist ein Teilbereich der Künstlichen Intelligenz, der es Computern ermöglicht, aus Erfahrung zu lernen und Vorhersagen zu treffen. Dabei werden Algorithmen verwendet, die aus Daten lernen, um eine bestimmte Aufgabe zu erfüllen, ohne dass sie explizit dafür programmiert werden müssen. So kann ein Computer beispielsweise lernen, Bilder zu erkennen oder Texte zu übersetzen.

Deep Learning ist eine spezielle Form des maschinellen Lernens und bezieht sich auf Algorithmen, die auf künstlichen neuronalen Netzen basieren. Diese Netze sind in der Lage, komplexe Muster in großen Datenmengen zu erkennen und darauf zu reagieren. Ein Beispiel ist die Bilderkennung: Ein neuronales Netz kann aus Millionen von Bildern lernen, beispielsweise Hunde von Katzen zu unterscheiden.

Zusammengefasst sind Machine Learning und Deep Learning Methoden der Künstlichen Intelligenz, die es einem Computer ermöglichen, aus Erfahrungen zu lernen und Vorhersagen zu treffen. Deep Learning ist eine spezielle Form des Machine Learning, die auf künstlichen neuronalen Netzen basiert und besonders leistungsfähig ist, wenn es darum geht, komplexe Muster in großen Datenmengen zu erkennen.

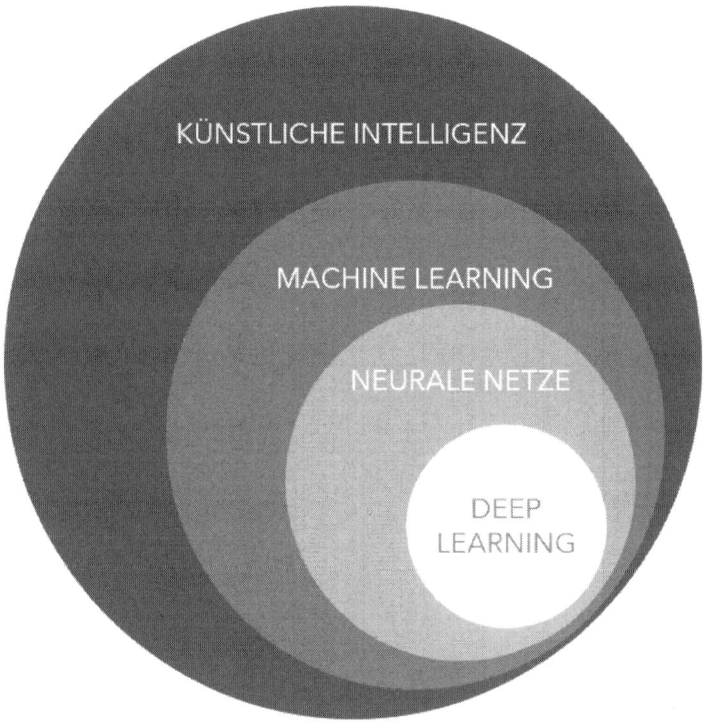

Abbildung 6 | Einordnung KI, ML, KNN und DL

Was ist Machine Learning?

Das allgemeine Wort für das Lernen von Computern aus Daten ist maschinelles Lernen (Machine Learning). Es bezeichnet die Verbindung zwischen Statistik und Informatik, bei der Algorithmen zur Ausführung bestimmter Aufgaben eingesetzt werden, ohne dass sie explizit programmiert werden; stattdessen erkennen sie Muster in den Daten und machen Vorhersagen, sobald neue Daten eingehen. Je nach den Daten, die den Algorithmen als Input dienen, kann der Lernprozess für diese Algorithmen entweder überwacht oder unbeaufsichtigt .

Eine einfache lineare Regressionsmethode ist eine grundlegende Technik des Machine Learnings, die verwendet wird, um eine Beziehung zwischen zwei Variablen zu modellieren: der abhängigen (Y) und der unabhängigen (X) Variable. Ziel ist es, auf der Basis von vorhandenen Datensätzen eine Funktion zu finden, die eine Vorhersage für die abhängige Variable Y anhand der unabhängigen Variable X liefern kann.

Ein Beispiel für eine einfache lineare Regressionsmethode ist, wenn wir eine Beziehung zwischen der Größe von Häusern und ihren Preisen untersuchen möchten. Wir könnten eine Reihe von Datenpunkten sammeln, die den Quadratmeterpreis und die Quadratmeterzahl für verschiedene Häuser widerspiegeln. Anhand dieser Daten könnten wir eine lineare Funktion berechnen, die die Beziehung zwischen diesen beiden Variablen widerspiegelt, indem wir die Datenpunkte so anpassen, dass sie möglichst gut der Linie entsprechen.

Die lineare Funktion kann dann verwendet werden, um Vorhersagen darüber zu treffen, wie sich der Preis eines Hauses ändern wird, wenn sich seine Größe ändert. Diese Methode kann auch auf andere Daten angewendet werden, bei denen eine Beziehung zwischen zwei Variablen besteht, wie beispielsweise die Beziehung zwischen dem Wetter und der Anzahl der Verkäufe in einem Geschäft.

Grundlage aller Methoden und Algorithmen des maschinellen Lernens sind Daten, konkret Big Data. Big Data spielt deshalb eine wichtige Rolle im Machine Learning, weil Algorithmen und Modelle auf großen Datensätzen trainiert werden müssen, um effizient zu sein. Da immer mehr Daten online verfügbar sind, wird Machine Learning immer wichtiger und ist ein wichtiger Bestandteil der modernen Technologie.

Arten von Machine Learning Algorithmen

In seiner einfachsten Form basiert maschinelles Lernen auf vorprogrammierten Algorithmen, die Eingabedaten verarbeiten und analysieren, um Ausgabewerte innerhalb eines vorgegebenen Bereichs vorherzusagen. Diese Algorithmen lernen aus neuen Daten, die ihnen zugeführt werden, optimieren ihre Prozesse, um ihre Leistung zu verbessern, und gewinnen mit der Zeit an "Intelligenz". Da es nicht den einen Algorithmus gibt, werden hier die vier bekanntesten vorgestellt.

Supervised learning (Überwachtes Lernen)

Beim überwachten Lernen wird der Computer durch Modellierung instruiert. Der Bediener gibt einen bekannten Datensatz mit den gewünschten Eingaben und Ausgaben an den Algorithmus für maschinelles Lernen weiter, der dann herausfinden muss, wie er zu diesen Eingaben und Ausgaben gelangen kann. Während der Algorithmus Muster in den Daten erkennt, aus Beobachtungen lernt und Vorhersagen erstellt, kennt der Bediener die richtigen Antworten auf das Problem. Der Bediener korrigiert den Algorithmus, während er Vorhersagen erstellt, und dieser Zyklus wird so lange wiederholt, bis der Algorithmus ein hohes Maß an Leistung und Genauigkeit erreicht hat.

Klassifizierung, Regression und Vorhersage fallen alle unter die Kategorie des überwachten Lernens.

Klassifizierung (Classification) - Um eine Klassifizierungsaufgabe zu erfüllen, muss eine Software für maschinelles Lernen aus den beobachteten Werten eine Schlussfolgerung ziehen und entscheiden, in welche Klassifizierung neue Beobachtungen passen. So muss das Programm beispielsweise aktuelle Beobachtungsdaten untersuchen und E-Mails entsprechend als "Spam" oder "kein Spam" filtern.

Regression (Regression) - Bei Regressionsproblemen muss der Algorithmus für maschinelles Lernen die Beziehungen zwischen den Variablen schätzen und verstehen. Die Regressionsanalyse ist sehr hilfreich für Vorhersagen und Prognosen, da sie sich auf eine abhängige Variable und eine Reihe anderer sich verändernder Faktoren konzentriert.

Vorhersage (Forecasting) - Bei der Vorhersage, einer typischen Methode zur Analyse von Trends, werden auf der Grundlage von Fakten aus der Vergangenheit und der Gegenwart Prognosen für die Zukunft erstellt.

Unsupervised Learning (Unüberwachtes Lernen)

In diesem Fall untersucht der Algorithmus des maschinellen Lernens die Daten, um Trends zu erkennen. Es gibt keinen menschlichen Operator oder Antwortschlüssel, der Anweisungen gibt. Stattdessen analysiert die Maschine die verfügbaren Daten, um Korrelationen und Beziehungen zu finden. In einem unüberwachten Lernprozess erhält ein maschineller Lernalgorithmus eine große Menge an Daten, die er analysieren und auf die er bei Bedarf reagieren kann. Um die Struktur der Daten zu beschreiben, versucht der Algorithmus, sie in irgendeiner Weise zu organisieren. Dies kann bedeuten, dass er die Daten zu Clustern zusammenfasst oder sie so anordnet, dass sie übersichtlicher erscheinen. Je mehr Daten er analysiert, desto besser kann er Entscheidungen auf der Grundlage der Daten treffen. Dies fällt in die Kategorie des unüberwachten Lernens:

Clustering - Bei dieser Methode gruppieren Computer die Daten auf der Grundlage von Merkmalen, Ähnlichkeiten und Unterschieden. Darüber hinaus überprüfen Maschinen die Klassifizierung von Objekten und identifizieren inhärente Gruppen in komplexen Daten. Diese Methode wird häufig eingesetzt, vor allem in geografischen Gebieten, um Kundengruppen und Kaufverhalten zu verstehen.

Association - Bei dieser Lerntechnik werden riesige Datensätze als Input angeboten, und Maschinen decken sinnvolle Wechselwirkungen und Verbindungen zwischen Variablen auf. Wie stehen die Daten zueinander in Beziehung? Welche Schritte sind an der Zuordnung von Variablen beteiligt? Wie sind diese Verbindungen gewinnbringend? Dies sind die wesentlichen Faktoren, die bei der Anwendung dieser Lernmethode zu beachten sind. Besonders beliebt ist diese Methode bei der Plagiatsprüfung von Doktorarbeiten und beim Mining von Online-Aktivitäten.

Semi-supervised learning (teilüberwachtes Lernen)

Beim teilüberwachten Lernen werden sowohl gekennzeichnete als auch nicht gekennzeichnete Daten verwendet, vergleichbar mit dem überwachten Lernen. Unmarkierte Daten sind Informationen, die keine aussagekräftigen Tags haben, während markierte Daten diese haben, damit der Algorithmus sie interpretieren kann. Mit dieser Kombination können maschinelle Lernsysteme lernen, unmarkierte Daten zu kategorisieren.

Bei der Entwicklung dieser Strategie wurden die Vor- und Nachteile von überwachten und unüberwachten Lernmethoden berücksichtigt. In dieser Phase wird eine

Mischung aus beschrifteten und unbeschrifteten Datensätzen zum Trainieren der Maschinen verwendet. Die meisten Eingabedatensätze sind jedoch in der realen Welt nicht beschriftet. Der Vorteil dieser Technologie besteht darin, dass sie alle zugänglichen Daten verwendet, nicht nur gekennzeichnete Daten, was sie sehr kosteneffizient macht. Zunächst werden verwandte Daten in Gruppen zusammengefasst. Hierfür wird ein Algorithmus für unüberwachtes Lernen verwendet. Dies hilft bei der Kennzeichnung jedes Teils der nicht gekennzeichneten Daten.

Ein Beispiel für Semi-supervised Learning könnte die Klassifizierung von Bildern sein. Nehmen wir an, wir haben einen Datensatz von 10.000 Bildern, von denen nur 1.000 Bilder mit Labels versehen sind, die den Klassen "Hund" und "Katze" zugeordnet sind. Das Ziel des Semi-supervised Learning besteht nun darin, eine Maschine zu trainieren, die in der Lage ist, die restlichen 9.000 Bilder in die Klassen "Hund" oder "Katze" einzuordnen. Um dies zu erreichen, könnte ein Deep-Learning-Modell wie ein Convolutional

Neural Network (CNN) verwendet werden. Zunächst werden die 1.000 beschrifteten Bilder als Trainingsdaten für das Modell verwendet. Das Modell lernt, die Merkmale von Hunden und Katzen zu erkennen und die Bilder entsprechend zuzuordnen. Anschließend können die restlichen 9.000 Bilder verwendet werden, um das Modell weiter zu trainieren. Hierbei werden jedoch keine Labels verwendet. Stattdessen nutzt das Modell die unscharfen Informationen, die es aus den unbeschrifteten Bildern gewinnen kann, um seine Klassifikation zu verbessern.

Dies könnte beispielsweise dadurch geschehen, dass das Modell die Bilder so manipuliert, dass sie leicht verschoben oder gedreht werden, um neue Blickwinkel und Perspektiven zu simulieren. Das Modell kann dann seine Klassifikation auf der Grundlage dieser manipulierten Bilder aktualisieren und verbessern. Dieses Verfahren des Semi-supervised Learning kann eine nützliche Methode sein, um große Datensätze zu verwenden und gleichzeitig den Aufwand für die manuelle Beschriftung der Daten zu minimieren.

Reinforcement Learning (Verstärktes Lernen)

Daten, die mit einem Label versehen wurden, sind kein Konzept des Reinforcement Learning. Maschinen können nur aus vergangenen Fehlern lernen. Lernen ist ein Versuch-und-Irrtum-Prozess, der auf Feedback basiert. Die KI untersucht die Daten, nimmt Merkmale zur Kenntnis, gewinnt Erkenntnisse aus früheren Fehlern und verbessert ihre Gesamtleistung. Wenn die Ergebnisse korrekt sind, wird der KI-Agent belohnt, bei ungünstigen Ergebnissen wird er bestraft.

Um dies besser zu verstehen, wollen wir ein Beispiel anführen. Wenn ein Mitarbeiter eines Unternehmens ein brandneues Projekt erhält, wird sein Erfolg durch den erfolgreichen Abschluss der Aufgabe bestimmt. Der Vorgesetzte gibt ihm sogar ein Feedback in Form von Belohnungen oder Strafen. Der Arbeitsplatz dient als Kulisse, und der Mitarbeiter erledigt die verbleibenden Aufgaben des Projekts akribisch. Die Verwendung von Verstärkungslernen in Multiagentensystemen und in der

Spieltheorie ist weit verbreitet. Diese Methode wurde mit Hilfe des Markov-Entscheidungsprozesses weiter formalisiert (MDP). Wenn der Prozess läuft, setzt sich die KI mithilfe des MDP mit der Umgebung auseinander. Auf jede Aktion folgt eine Reaktion, die einen neuen Zustand erzeugt.

Dabei wird grundsätzlich in zwei Methoden kategorisiert:

- Positive Reinforcement Learning
- Negative Reinforcement Learning

Positiv verstärkendes Lernen und negativ verstärkendes Lernen sind zwei unterschiedliche Ansätze für das Lehren oder Trainieren eines maschinellen Lernmodells. Beim positiv verstärkenden Lernen wird ein maschinelles Lernmodell belohnt, wenn es korrekte Vorhersagen trifft oder die richtige Aktion ausführt. Bei diesem Ansatz erhält der maschinelle Lernalgorithmus positives Feedback oder Verstärkung für richtige Entscheidungen, und diese Verstärkung ermutigt das Modell, auch in Zukunft ähnliche Entscheidungen zu treffen.

Im Gegensatz dazu wird ein maschinelles Lernmodell beim Lernen mit negativer Verstärkung bestraft, wenn es falsche Vorhersagen trifft oder die falschen Maßnahmen ergreift. Bei diesem Ansatz erhält der Algorithmus für maschinelles Lernen eine negative Rückmeldung oder Verstärkung für falsche Entscheidungen, und diese Verstärkung ermutigt das Modell, ähnliche Entscheidungen in der Zukunft zu vermeiden.

Ein konkretes Beispiel: Nehmen wir an, wir wollen ein maschinelles Lernmodell trainieren, um Bilder von Katzen zu erkennen. Beim positiven Verstärkungslernen würde das Modell jedes Mal eine Belohnung erhalten, wenn es eine Katze in einem Bild richtig erkennt, und diese Belohnung würde das Modell ermutigen, auch in Zukunft Katzen zu erkennen. Beim Lernen mit negativer Verstärkung würde das Modell jedes Mal eine Bestrafung erhalten, wenn es eine Katze in einem Bild falsch identifiziert, und diese Bestrafung würde das Modell dazu ermutigen, ähnliche Fehler in Zukunft zu vermeiden. Insgesamt hängt die Wahl zwischen positivem und negativem Verstärkungslernen von der spezifischen

Aufgabe und dem gewünschten Ergebnis ab. Positive Verstärkung wird im Allgemeinen verwendet, wenn das Modell lernen soll, bestimmte Entscheidungen oder Vorhersagen zu treffen, während negative Verstärkung verwendet wird, wenn das Modell lernen soll, bestimmte Entscheidungen oder Vorhersagen zu vermeiden.

Abbildung 7 | Machine Learning Arten

Was ist Deep Learning?

Deep-Learning-Algorithmen können als eine fortgeschrittene und rechenintensive Weiterentwicklung von Algorithmen des maschinellen Lernens betrachtet werden. Diese Entwicklung hat in letzter Zeit viel Aufmerksamkeit auf sich gezogen, und das aus gutem Grund: Die jüngsten Fortschritte haben zu Ergebnissen geführt, die zuvor undenkbar waren.

Deep-Learning bezeichnet Algorithmen, die Daten in einer logischen Art und Weise analysieren, wie es ein Mensch tun würde. Dabei ist zu beachten, dass sowohl überwachtes als auch unüberwachtes Lernen zu diesem Ergebnis führen kann. Deep-Learning-Anwendungen verwenden zu diesem Zweck ein Künstliches Neuronales Netz (KNN), das eine mehrschichtige Struktur von Algorithmen darstellt. Die Architektur eines solchen KNN ist dem biologischen neuronalen Netz des menschlichen Gehirns nachempfunden, was zu einem Lernprozess führt, der wesentlich leistungsfähiger ist als der herkömmlicher maschineller Lernmodelle.

Beim Deep Learning spricht man von drei aufeinander folgenden Schichten. Die Eingabeschicht ist die Schicht auf der linken Seite, während die Ausgabeschicht die Schicht auf der rechten Seite ist. Da die Werte der mittleren Schicht nicht sichtbar sind, werden sie als versteckte Schichten bezeichnet. Verborgene Schichten sind im Wesentlichen berechnete Werte, die das Netz verwendet, um seine "Magie" auszuführen, um es einfach auszudrücken. Ein Netz ist umso tiefer, je mehr verborgene Schichten sich zwischen der Eingabeschicht und der Ausgabeschicht befinden. Tiefe neuronale Netze werden häufig als KNN mit zwei oder mehr verborgenen Schichten definiert.

Deep Learning wird heute in vielen Bereichen eingesetzt. Beispielsweise wird Deep Learning beim autonomen Fahren eingesetzt, um Fußgänger und STOP-Schilder zu erkennen. Um sichere oder gefährliche Gebiete für ihre Truppen zu bestimmen, nutzt das Militär Deep Learning, um Objekte von Satelliten aus zu erkennen. Natürlich ist Deep Learning auch in der Unterhaltungselektronik weit verbreitet.

Deep-Learning-Algorithmen werden von häuslichen Assistenzsystemen wie Amazon Alexa verwendet, um Ihre Sprache zu erkennen und darauf zu reagieren.

Ein detaillierteres Beispiel kann wie folgt dargestellt werden: Wir stellen uns vor, dass Tesla einen Deep-Learning-Algorithmus einsetzt, um seine Fahrzeuge bei der Erkennung von STOP-Schildern zu unterstützen. Das KNN würde zunächst die relevanten Aspekte des STOP-Schildes bestimmen, die gemeinhin als Attribute bezeichnet werden. Bestimmte Elemente im bereitgestellten Bild, wie Punkte, Kanten oder Objekte, werden als Merkmale bezeichnet. Bei einer herkömmlichen maschinellen Lerntechnik müssten die relevanten Merkmale von einem Softwareingenieur ausgewählt werden, aber das KNN führt ein autonomes Feature-Engineering durch. Die erste versteckte Schicht könnte die Kantenerkennung übernehmen, die zweite die

Farbunterscheidung und die letzte die erweiterte Formerkennung, die speziell auf die Form des zu erkennenden Objekts zugeschnitten ist. Die Deep-Learning-Algorithmen würden schließlich aus ihren eigenen Fehlern lernen, ob die Vorhersage richtig war oder ob sie nach der Eingabe von Trainingsdaten angepasst werden muss.

Insgesamt erfordern die Deep-Learning-Algorithmen aufgrund des autonomen Feature-Engineerings und ihrer selbstlernenden Eigenschaften nur sehr wenige menschliche Eingaben. Obwohl dies das enorme Potenzial von Deep Learning zeigt, gibt es zwei Schlüsselfaktoren, die erklären, warum es erst in letzter Zeit so nützlich geworden ist: die Datenverfügbarkeit und die Rechenkapazität.

Erstens benötigt Deep-Learning riesige Datenmengen. Die von Tesla entwickelte Software für autonomes Fahren benötigt beispielsweise Millionen von Fotos und stundenlanges Videomaterial, um effizient arbeiten zu können.

Zweitens erfordert Deep Learning eine beträchtliche Rechenleistung. Mit der Entwicklung von Cloud-Computing-Infrastrukturen und leistungsstarken GPUs (Grafikprozessoren, die für schnellere Berechnungen eingesetzt werden) könnte die Zeit, die für das Training eines Deep-Learning-Netzes benötigt wird, von Wochen (!) auf Stunden reduziert werden.

Die Entdeckung des Transfer-Learnings bzw. die Verwendung von vortrainierten Modellen ist jedoch zweifellos eine der wichtigsten Entwicklungen im Bereich des Deep Learning. Der Grund dafür ist, dass KNNs riesige Trainingsdatensätze benötigten, um brauchbare Ergebnisse zu erzielen, und Transfer Learning als Lösung für dieses Problem angesehen werden kann. In der Vergangenheit wurden KNN-Algorithmen aufgrund des hohen Datenbedarfs nicht für jedes Problem als die beste Lösung angesehen. Durch die Verwendung vortrainierter Modelle kann dieser Datenbedarf nun jedoch für viele Anwendungen erfüllt werden.

Mögliche Anwendungsfälle

Deep Learning kann und wird in vielen Bereichen und Branchen eingesetzt. Neben dem Beispiel des autonomen Fahrens gibt es weitere Anwendungsbereiche wie das Marketing. Hier wird Deep Learning zunehmend für die Personalisierung von Kundeninformationen interessant, um dem Kunden auf Basis seiner Daten (Käufe, Vorlieben, Historie etc.) maßgeschneiderte Angebote zu unterbreiten. So können Kundenbedürfnisse besser verstanden, das Kaufverhalten analysiert und Produktvorschläge optimiert werden. Ein weiteres Beispiel, mit dem der eine oder andere sicherlich schon in Berührung gekommen ist, sind Chatbots im Bereich des Kundenservice. Je mehr Kunden der Chatbot bedient, desto größer wird der Erfahrungsschatz und der Lernerfolg steigt. Dies führt in der Praxis zu einer stetigen Verbesserung des Systems. FinTech-Unternehmen (Finanztechnologie) nutzen Deep-Learning-Algorithmen zur Betrugsprävention, um ungewöhnliche oder betrügerische Transaktionen frühzeitig zu erkennen. Interessant ist auch der Einsatz in der Medizin und bei der Auswertung von

Patientendaten. KI analysiert Befunde und macht Handlungsvorschläge, z.B. zur Einleitung von Therapien. Darüber hinaus generiert KI Medikationspläne, warnt frühzeitig vor der Entwicklung chronischer Erkrankungen bei Risikopatienten oder unterstützt bei der Ausstellung von Rezepten.

Machine Learning und Deep Learning - Was ist der Unterschied?

Ganz einfach - es gibt keinen Unterschied. Zu den Algorithmen des maschinellen Lernens gehören auch Deep Learning-Algorithmen. Daher ist es vielleicht klüger, sich zu fragen, was genau Deep Learning so einzigartig am maschinellen Lernen macht. Die Struktur des KNN-Algorithmus, der geringere Bedarf an menschlicher Interaktion und die höheren Datenanforderungen sind die Antworten.

In erster Linie basiert Deep Learning auf einem Künstlichen Neuronalen Netz, während typische maschinelle Lernverfahren eine sehr einfache Struktur haben, wie etwa eine lineare Regression oder einen Entscheidungsbaum. Wie das menschliche Gehirn ist auch dieses komplexe KNN komplex und vernetzt.

Zweitens benötigen Algorithmen, die auf Deep-Learning basieren, viel weniger menschliche Eingaben. Bei einem herkömmlichen Ansatz des maschinellen Lernens zur Erkennung von STOP-Schildern würde ein Softwareentwickler manuell Merkmale und einen Klassifikator auswählen, um die Fotos zu sortieren, zu überprüfen, ob das Ergebnis den Anforderungen entspricht, und den Algorithmus gegebenenfalls zu ändern. Bei einem Deep-Learning-System werden die Merkmale jedoch automatisch extrahiert, und das Programm lernt aus seinen eigenen Fehlern (siehe Abbildung 8).

Damit Deep Learning richtig funktioniert, benötigt es viel mehr Daten als ein herkömmlicher Algorithmus für maschinelles Lernen. Während Deep Learning oft Millionen von Datenpunkten verwendet, kann maschinelles Lernen mit 1.000 Datenpunkten funktionieren. Ein Deep-Learning-System benötigt einen riesigen Datensatz, um Schwankungen zu eliminieren und aufgrund der komplexen mehrschichtigen Struktur qualitativ hochwertige Interpretationen zu erzeugen.

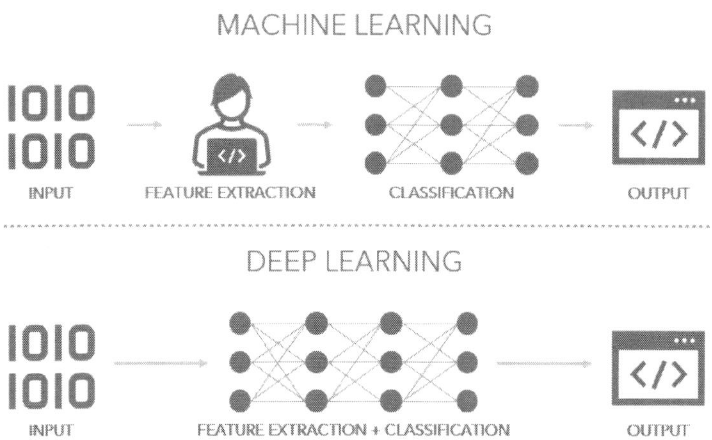

Abbildung 8 | Machine Learning vs Deep Learning

Künstliche Neuronale Netze (KNN)

Künstliche Neuronale Netze sind von der Natur inspirierte Algorithmen, die aus einer Vielzahl von miteinander verknüpften Neuronen bestehen, ähnlich dem Aufbau des menschlichen Gehirns. Jedes Neuron empfängt eine Eingabe, führt eine Berechnung durch und gibt eine Ausgabe weiter. Diese Ausgabe kann dann als Eingabe für ein anderes Neuron dienen, was zu einer komplexen Informationsverarbeitung innerhalb des neuronalen Netzes führt.

Ein typisches KNN besteht aus mehreren Schichten von Neuronen, die als Eingabeschicht, verborgene Schichten und Ausgabeschicht bezeichnet werden. Die Eingabeschicht empfängt die Eingabe, z. B. Bilddaten oder Text, und leitet sie an die verborgenen Schichten weiter. Diese Schichten verarbeiten die Eingabe und geben sie an die nächste Schicht weiter, bis sie schließlich von der Ausgabeschicht ausgegeben wird. Das Ziel des KNN ist es, eine genaue Vorhersage oder Entscheidung auf der Grundlage der Eingabedaten zu treffen.

Ein wichtiger Schritt bei der Anwendung von KNN ist das Training. Dabei werden die Gewichte zwischen den Neuronen angepasst, um die Leistung des Netzes zu verbessern. Das Training erfolgt unter Verwendung von Trainingsdaten, die aus Eingabe- und Ausgabedaten bestehen. Das KNN passt die Gewichte so an, dass die Ausgabe des Netzes der tatsächlichen Ausgabe der Trainingsdaten möglichst nahe kommt.

Künstliche Neuronale Netze haben ein breites Anwendungsspektrum und werden in vielen Bereichen eingesetzt. In der Bilderkennung werden sie eingesetzt, um Objekte oder Gesichter in Bildern zu erkennen. In der Spracherkennung werden sie eingesetzt, um gesprochene Sprache in Text umzuwandeln. In der Medizin werden KNN eingesetzt, um Diagnosen zu stellen oder Behandlungen zu optimieren. Auch in der Finanzindustrie und im Marketing werden KNN eingesetzt, um Prognosen zu erstellen und Entscheidungen zu treffen.

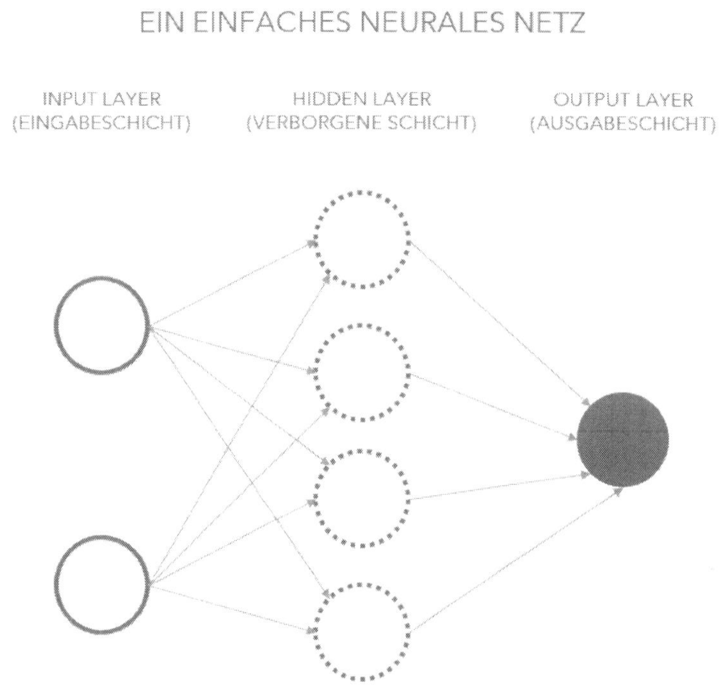

Abbildung 9 | Ein einfaches Neuronales Netz

Zusammenfassend lässt sich sagen, dass Künstliche Neuronale Netze eine wichtige Rolle in der Künstlichen Intelligenz spielen. Ihre Fähigkeit, komplexe Muster in Daten zu erkennen und zu verarbeiten, ermöglicht Vorhersagen und Entscheidungen auf der Basis von Daten. Das breite Anwendungsspektrum von KNN in verschiedenen Branchen und ihre Fähigkeit, sich selbst zu verbessern, machen sie zu einer vielversprechenden Technologie für die Zukunft.

Typen von Neuronalen Netzen

Es gibt eine Vielzahl neuronaler Netz-Architekturen. Hier werden die Wichtigsten vorgestellt.

Perceptron

Ein Perceptron ist ein einfacher Algorithmus im Bereich des maschinellen Lernens, der aus Eingabe- und Ausgabedaten lernt, um Vorhersagen zu treffen. Es ist eine Art Neuron in einem künstlichen neuronalen Netz, das als Grundlage für tiefere neuronale Netze dient. Ein Perceptron ist eine der Grundeinheiten eines neuronalen Netzes, das für maschinelles Lernen und Künstliche Intelligenz verwendet wird. Es ist eine künstliche neuronale Netzarchitektur, die aus einer Schicht von Neuronen besteht. Jedes Neuron empfängt eine Eingabe und gibt eine Ausgabe zurück, indem es eine mathematische Funktion auf seine Eingabe anwendet. Das Perceptron wird normalerweise als binärer Klassifikator verwendet und kann darauf trainiert werden, Entscheidungen auf der Grundlage eines Satzes von Eingangsvektoren zu treffen. Es besteht aus einem oder mehreren Eingängen, einem Addierer, einem Schwellwert und einem Ausgang. Das Perceptron wurde 1958 von Frank Rosenblatt entwickelt und erlebte in den letzten Jahren eine Renaissance als Teil der Grundlage für Deep Learning und neuronale Netze. Obwohl es sich um eine relativ einfache Architektur handelt, hat sich gezeigt, dass sie für eine Vielzahl von Anwendungen geeignet ist, einschließlich Bild- und Spracherkennung.

In neutralen Netzwerken ist das Perceptron die Grundeinheit, die normalerweise mit anderen Schichten von Perceptrons kombiniert wird, um ein tieferes neuronales Netzwerk zu bilden. Dieses Netz kann dann für verschiedene Aufgaben wie Vorhersage, Mustererkennung oder Klassifikation verwendet werden. Wichtig ist, dass das Perceptron nur für lineare Probleme geeignet ist und für nichtlineare Probleme modifiziert werden muss. In diesen Fällen können andere Architekturen wie Convolutional Neural Networks (CNNs) oder Recurrent Neural Networks (RNNs) verwendet werden.

Insgesamt ist das Perceptron ein grundlegender Baustein für die Entwicklung neuronaler Netze und hat in den letzten Jahren zu bahnbrechenden Fortschritten in der Künstlichen Intelligenz beigetragen.

Multi-Layered Perceptron

Ein mehrschichtiges Perceptron (MLP) besteht aus miteinander verbundenen Schichten von Perceptrons.

Eingabemuster werden von der Eingabeschicht erfasst. Die Eingabemuster können in der Ausgabeschicht auf Klassifikationen oder Ausgabesignale abgebildet werden. Die Muster können z.B. eine Liste von Werten für technische Indikatoren eines Wertpapiers enthalten; mögliche Ausgaben sind "Kaufen", "Halten" oder "Verkaufen". Die Inputgewichte werden in verborgenen Schichten so lange angepasst, bis die Fehlerspanne des neuronalen Netzes möglichst klein ist. Es wird davon ausgegangen, dass die verborgenen Schichten wichtige Aspekte aus den Eingabedaten ableiten, die ein Vorhersagepotenzial für die Ausgaben haben.

Feed-Forward Neural Networks

Feed-Forward Neural Networks (FFNN) sind eine Art von Künstlichen Neuronalen Netzen (KNN), die aus mehreren Schichten von Neuronen (künstlichen Einheiten) bestehen, die in einer gerichteten Weise miteinander verbunden sind. Die Struktur eines FFNN besteht aus einer Eingabeschicht, mindestens einer versteckten Schicht und einer Ausgabeschicht. Jede Schicht besteht aus einer bestimmten Anzahl von Neuronen, die wiederum mit den Neuronen der nächsten Schicht verbunden sind. In einem FFNN werden Daten nur in eine Richtung durch das Netzwerk geleitet, vom Eingang zur Ausgabe, ohne dass es Rückkopplungsschleifen gibt.

Die Eingabe-Neuronen nehmen die Eingabedaten entgegen und senden sie an die Neuronen in der nächsten Schicht weiter. Jedes Neuron in einer versteckten Schicht oder in der Ausgabeschicht erhält Signale von den Neuronen der vorherigen Schicht und berechnet eine Aktivierungsfunktion, um eine Ausgabe zu generieren. Die Aktivierungsfunktion kann unterschiedlich sein, aber eine der häufigsten ist die Sigmoid-Funktion, die eine nicht-lineare Transformation der Eingabe durchführt. Das Training von FFNN erfolgt durch Anpassung der Gewichte und Schwellenwerte der Neuronen, um eine gewünschte Ausgabe zu erzielen. Hierbei werden die Eingabedaten zusammen mit den erwarteten Ausgabewerten verwendet, um das Netzwerk zu trainieren.

Dies erfolgt typischerweise durch den Einsatz von Backpropagation, einem Verfahren zur Minimierung des Fehlers zwischen der erwarteten Ausgabe und der tatsächlichen Ausgabe. FFNN finden in vielen Anwendungsbereichen Anwendung, wie zum Beispiel in der Sprach- und Bilderkennung, im maschinellen Lernen, der Finanzanalyse und der Steuerung von autonomen Fahrzeugen. Die Fähigkeit von FFNN, komplexe Zusammenhänge zwischen Eingabe- und Ausgabedaten zu erlernen, macht sie zu einem leistungsstarken Werkzeug für viele Anwendungen in der Künstlichen Intelligenz und anderen Bereichen.

Recurrent Neural Networks

Recurrent Neural Networks (RNNs) sind eine Art von Künstlichen Neuronalen Netzen (KNN), die in der Lage sind, zeitabhängige Daten zu verarbeiten, indem sie Feedback-Schleifen verwenden. Im Gegensatz zu Feedforward-Neuronalen Netzen, die nur in eine Richtung laufen, d.h. die

Daten werden von einer Schicht zur nächsten in einer Richtung weitergeleitet, sind RNNs in der Lage, Informationen aus vorherigen Schritten der Datenverarbeitung zu nutzen.

RNNs können in der Text- und Sprachverarbeitung eingesetzt werden, um kontextbezogene Informationen zu erfassen, beispielsweise bei der automatischen Übersetzung von Texten oder bei der Erkennung von Schriftarten. Sie können auch zur Vorhersage von Zeitreihen, wie beispielsweise der Börsenkursentwicklung, eingesetzt werden.

Ein wesentliches Merkmal von RNNs ist, dass sie in der Lage sind, "Erinnerungen" an vorherige Eingaben zu speichern und zu nutzen, um bessere Vorhersagen oder Entscheidungen zu treffen. Dies wird durch die Verwendung von sogenannten "Hidden States" in jedem Schritt der Verarbeitung ermöglicht, die es dem Netzwerk ermöglichen, Informationen aus vorherigen Schritten zu nutzen, um die aktuelle Ausgabe zu generieren. Insgesamt sind Recurrent Neural Networks eine leistungsstarke Art von Künstlichen

Neuronalen Netzen, die in der Lage sind, komplexe Datenverarbeitungsprobleme zu lösen, bei denen zeitabhängige Informationen eine Rolle spielen.

Convolutional Neural Networks

Convolutional Neural Networks (CNNs) sind eine Art von künstlichen neuronalen Netzwerken (KNNs), die hauptsächlich für die Verarbeitung von Bild- und Videoinhalten verwendet werden. Im Gegensatz zu anderen KNNs verwenden CNNs spezielle Schichten, so genannte Convolutional Layers, um Muster und Merkmale aus den Eingabedaten zu extrahieren.

Ein Convolation Layer besteht aus einer Reihe von Filtern, die über die Eingabedaten bewegt werden, um lokalisierte Muster zu erkennen. Jeder Filter erzeugt eine Merkmalskarte, die die Aktivierung der Neuronen in dieser Schicht repräsentiert. Die Ausgabe der Convolutional Layer wird dann an eine Pooling Layer weitergeleitet, die die

Dimensionalität der Daten reduziert, indem die Aktivierungen in jedem lokalen Bereich zusammengefasst werden. Typischerweise folgen auf mehrere Convolutional Layers und Pooling Layers eine oder mehrere Fully Connected Layers, die die erkannten Merkmale zusammenfassen und in eine bestimmte Ausgabe transformieren. Die Gewichte der einzelnen Neuronen im Netz werden durch Backpropagation und Gradientenabstieg trainiert. CNNs werden wie erwähnt häufig in Anwendungen wie Bilderkennung, Objekterkennung und Gesichtserkennung eingesetzt und liefern in diesen Bereichen oft bessere Ergebnisse als andere maschinelle Lernverfahren.

Deconvolutional Neural Networks

Deconvolutional Neural Networks (DeConvNet) sind eine Art künstlicher neuronaler Netze, die insbesondere in der Bildverarbeitung und -rekonstruktion eingesetzt werden. Die DeConvNet Architektur ist eng verwandt mit der

Convolutional Neural Network (CNN) Architektur, die häufig für die Bildklassifikation verwendet wird. Während CNNs jedoch verwendet werden, um Merkmale aus den Eingabebildern zu extrahieren, werden DeConvNets verwendet, um aus diesen Merkmalen das ursprüngliche Bild zu rekonstruieren.

Das Training von DeConvNets erfordert Vorwärts- und Rückwärtspropagation, um das Modell zu optimieren. Bei der Vorwärtspropagation werden die Eingabedaten durch das Netz geschickt und die Merkmale extrahiert. Bei der Rückwärtspropagation wird das Netz darauf trainiert, aus diesen Merkmalen das ursprüngliche Bild zu rekonstruieren. DeConvNets können zur Bildrekonstruktion aus verschiedenen Modalitäten wie CT- oder MRT-Scans eingesetzt werden. Sie können auch zur Erzeugung von Bildern verwendet werden, z.B. in der Kunst oder in Spielen. Sie stellen eine leistungsfähige Technologie in der Bildverarbeitung dar und bieten die Möglichkeit, verlorene oder unvollständige Bildinformationen zu rekonstruieren oder zu generieren.

Modular Neural Networks

Modulare Neuronale Netze sind eine spezielle Art von künstlichen neuronalen Netzen, bei denen mehrere neuronale Netze miteinander verbunden werden, um komplexe Probleme zu lösen. Jedes Modul ist auf eine bestimmte Aufgabe spezialisiert und kann in das Gesamtnetz integriert werden. Durch diesen modularen Aufbau kann jedes Modul unabhängig trainiert werden, bevor es in das Gesamtnetz integriert wird. Dadurch wird die Trainingszeit verkürzt und das Gesamtnetz kann schneller und effizienter arbeiten. Durch die Modularität können die einzelnen Module spezialisiert und an die jeweiligen Anforderungen angepasst werden, was zu einer höheren Genauigkeit und besseren Leistung führen kann.

Modulare Neuronale Netze sind ein wichtiger Bestandteil der Künstlichen Intelligenz und werden in Zukunft voraussichtlich noch häufiger zur Lösung komplexer Aufgaben eingesetzt werden.

Fazit zu Künstlichen Neuronalen Netzen

Natürlich gibt es einige Vorteile oder Argumente, die für KNN sprechen. Wenn man sie mit der Leistung von Menschen vergleicht, können sie oft effizienter und länger arbeiten als Menschen. Sie können so programmiert werden, dass sie aus früheren Ergebnissen lernen und versuchen, in Zukunft intelligentere Berechnungen durchzuführen. KNN nutzen häufig Online-Dienste, die das systematische Risiko verringern (aber nicht beseitigen), und werden ständig auf neue Bereiche mit schwierigeren Problemen ausgedehnt.

Den Vorteilen stehen auch Nachteile gegenüber. Ein Beispiel ist die Abhängigkeit von Hardware und die damit verbundene Wartung und Arbeit, für die Expertenwissen erforderlich ist. Die Entwicklung des Codes und der Algorithmen kann viel Zeit in Anspruch nehmen. Es kann auch schwierig sein, Fehler oder Anpassungen der Annahmen zu bewerten, wenn das System selbstlernend ist, aber keine Transparenz besteht. In der Regel wird ein geschätzter Bereich oder Betrag angegeben, der möglicherweise nicht eintritt.

Jeder sollte sich jedoch seine eigene Meinung bilden und die Vor- und Nachteile für sich selbst abwägen.

Tiefes Neuronales Netz

Obwohl dies in der Beschreibung des neuronalen Netzes angedeutet wurde, verdient es eine weitere Erläuterung. Die Tiefe der Schichten in einem neuronalen Netz wird durch das "deep" in Deep-Learning angegeben. Ein Deep-Learning-Algorithmus kann als neuronales Netz mit mehr als drei Schichten, einschließlich der Eingänge und Ausgänge, betrachtet werden. Im Allgemeinen wird dies in Abbildung 10 dargestellt:

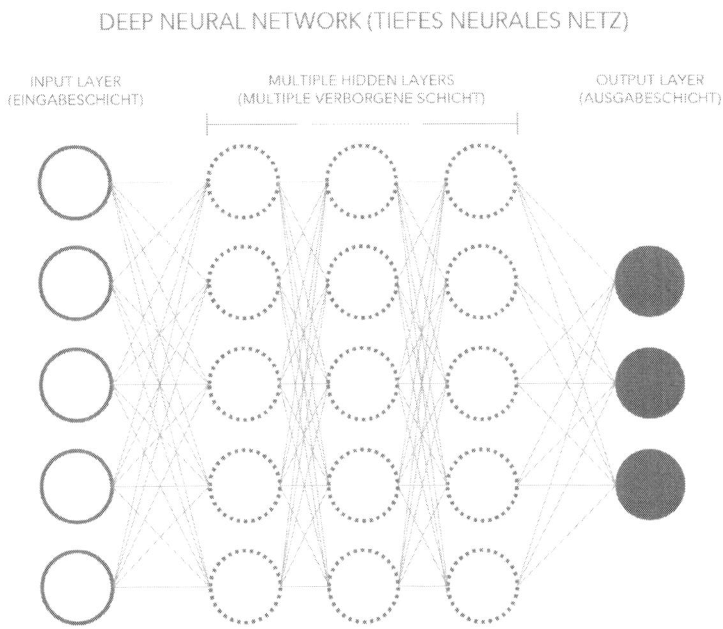

Abbildung 10 | Tiefes Neuronales Netz

Die meisten tiefen neuronalen Netze sind Feed-Forward-Netze, d. h., die Daten fließen nur in einer Richtung vom Eingang zum Ausgang. Sie können Ihr Modell jedoch auch mittels Backpropagation trainieren, bei der die Daten von der Eingabe zur Ausgabe in die entgegengesetzte Richtung fließen. Wir können den mit jedem Neuron verknüpften

Fehler über Backpropagation berechnen und zuweisen, wodurch wir den Algorithmus anpassen und korrigieren können.

Anwendung für Neuronale Netzwerke

Neuronale Netze werden in unterschiedlichen Bereichen eingesetzt. Sie eignen sich besonders für Anwendungen, bei denen wenig systematisches Lösungswissen vorhanden ist und eine große Menge an zum Teil unstrukturierten und unpräzisen Eingangsinformationen zu einem konkreten Ergebnis verarbeitet werden muss.

Neuronale Netze werden in vielen Anwendungen der Künstlichen Intelligenz eingesetzt, da sie in der Lage sind, komplexe Muster in Daten zu erkennen und Vorhersagen zu treffen. Ein Beispiel ist die Bilderkennung, bei der ein neuronales Netz darauf trainiert wird, Bilder zu erkennen und zu klassifizieren. Auch in der Spracherkennung werden neuronale Netze eingesetzt, um gesprochene Worte in Text umzuwandeln.

Weitere Anwendungen sind die Prognose von Aktienkursen, die Vorhersage von Wetterbedingungen, die automatische Übersetzung von Sprachen und die Personalisierung von Empfehlungen in sozialen Netzwerken. In der Medizin werden neuronale Netze zur Diagnose und Risikobewertung von Patienten eingesetzt. Neuronale Netze haben in den letzten Jahren auch in der Blockchain-Technologie an Bedeutung gewonnen, insbesondere in der Token Economy und bei der Datenanalyse von Blockchain-Transaktionen.

EXKURS: Large Language Model

Das Large Language Model (LLM) ist ein künstliches neuronales Netzwerk, das darauf trainiert wurde, natürliche Sprache zu verstehen und zu generieren. Das Modell besteht aus mehreren Schichten von Neuronen, die miteinander verbunden sind und als Eingabe Textsequenzen und als Ausgabe Textgenerierungen liefern.

Das LLM ist in der Lage, durch das Lernen von großen Mengen an Textdaten ein tiefes Verständnis der Sprache zu erlangen. Es kann auf verschiedene Aufgaben angewendet werden, wie z.B. Texterkennung, automatische Übersetzung, Frage-Antwort-Systeme und sogar das Verfassen von Texten.

Ein Beispiel für ein Large Language Model ist das GPT-3 (Generative Pre-trained Transformer 3) von OpenAI. Es ist eines der größten und komplexesten Modelle seiner Art und wurde auf einer riesigen Menge an Textdaten trainiert, um eine hohe Genauigkeit in der Sprachgenerierung zu erreichen.

Das Large Language Model hat das Potenzial, die menschliche Sprachfähigkeit in vielen Anwendungen zu ergänzen oder zu verbessern. Allerdings gibt es auch Bedenken hinsichtlich der möglichen Missbrauchs- und Diskriminierungsrisiken durch die Verwendung von solchen Modellen.

Die Rolle von Big Data

Deep Learning und Big Data sind eng miteinander verknüpft, da Deep-Learning-Algorithmen große Datenmengen benötigen, um erfolgreich zu sein.

Big Data bezieht sich auf die enormen Datenmengen, die heute durch die Digitalisierung und Vernetzung von Geräten und Systemen entstehen. Diese Daten müssen gesammelt, gespeichert und analysiert werden, um daraus Erkenntnisse zu gewinnen.

Deep-Learning-Algorithmen sind eine spezielle Form des maschinellen Lernens, die in der Lage sind, große Datenmengen zu verarbeiten und Muster in diesen Daten zu erkennen. Um solche Algorithmen zu trainieren, werden oft riesige Datensätze benötigt.

Big Data ist daher ein wichtiger Faktor bei der Entwicklung und Anwendung von Deep-Learning-Modellen. Ohne ausreichende Datenmengen können Deep-Learning-Modelle nicht optimal trainiert und eingesetzt werden, was ihre Wirksamkeit und ihren Nutzen einschränkt.

Big Data im Allgemeinen wird hier jedoch nicht weiter behandelt.

04 | ANWENDUNGEN VON KI

In den vorangegangenen Kapiteln wurde bereits mehrfach auf verschiedenste Anwendungsbeispiele der Künstlichen Intelligenz eingegangen. Diese werden im folgenden Kapitel vertieft.

Bild- und Spracherkennung

Künstliche Intelligenz hat in den letzten Jahren enorme Fortschritte gemacht und hat bereits zahlreiche Anwendungen in verschiedenen Bereichen gefunden. Ein Bereich, in dem Künstliche Intelligenz besonders eindrucksvolle Ergebnisse erzielt hat, ist die Bild- und Spracherkennung.

Bilderkennung - Die Bilderkennung ist eine der wichtigsten Anwendungen der Künstlichen Intelligenz. Dabei wird Computern beigebracht, Bilder zu erkennen, zu analysieren und zu klassifizieren. Diese Technologie wird bereits in verschiedenen Bereichen eingesetzt, zum Beispiel in der Automobilindustrie. Dort können mit Hilfe von Bilderkennungssystemen Verkehrsschilder erkannt oder Assistenzsysteme aktiviert werden, um Unfälle zu vermeiden. Auch in der Medizin kann Bilderkennung eine wichtige Rolle spielen, zum Beispiel bei der Früherkennung von Krankheiten wie Krebs. Hier können Bilderkennungssysteme helfen, Tumore frühzeitig zu erkennen und eine gezielte Behandlung einzuleiten. In der Landwirtschaft können Bilderkennungssysteme helfen, den Einsatz von Pestiziden zu reduzieren. So können mit Hilfe von Drohnen und Bilderkennungssystemen gezielt

Pflanzen behandelt werden, die von Schädlingen befallen sind, während gesunde Pflanzen verschont bleiben.

Gesichtserkennung - Künstliche Intelligenz wird heute zur Gesichtserkennung eingesetzt. Es gibt viele Anwendungen, die davon profitieren können, z. B. die Identifizierung von Straftätern und die Authentifizierung von Personen. In einigen Ländern wird die Gesichtserkennung auch im öffentlichen Raum eingesetzt, um Verbrechen zu verhindern.

Objekterkennung - Eine weitere wichtige Anwendung der Künstlichen Intelligenz ist die Objekterkennung. Dabei werden Objekte in Bildern identifiziert und klassifiziert. Diese Technologie wird in verschiedenen Bereichen eingesetzt, z.B. in der Medizin zur Erkennung von Tumoren.

Mustererkennung - Eine ebenfalls wichtige Anwendung der Künstlichen Intelligenz ist die Mustererkennung. Sie wird eingesetzt, um Muster in

Bildern zu erkennen, z.B. um Gesichter in einer Menschenmenge zu identifizieren.

Spracherkennung - Die Spracherkennung ist ein weiteres wichtiges Anwendungsgebiet der Künstlichen Intelligenz. Bei der Spracherkennung geht es darum, Computersystemen beizubringen, menschliche Sprache zu erkennen und zu interpretieren. Es gibt viele Anwendungen, die davon profitieren können, z. B. Übersetzungs- und Transkriptionsdienste, Sprachsteuerung und Sprachassistenz.

Übersetzungs- und Transkriptionsdienste - Künstliche Intelligenz wird heute in Übersetzungs- und Transkriptionsdiensten eingesetzt. Es gibt viele Anwendungen, die davon profitieren können, z. B. die Übersetzung von Webseiten, die Übersetzung von Sprachnachrichten und die Transkription von Video- und Audiodateien.

Sprachsteuerung - Die Sprachsteuerung ist eine weitere wichtige Anwendung von Künstlicher Intelligenz. Sie wird verwendet, um Geräte wie Smartphones und Smart-Home-Systeme per Sprache zu steuern.

Sprachassistenz - Sprachassistenz als weitere Anwendung Künstlicher Intelligenz spielt ebenfalls eine wichtige Rolle. Sie kommt in Sprachassistenten wie Siri, Alexa oder Cortana zum Einsatz. Die Nutzer können mit Siri interagieren, indem sie ihre Fragen oder Anweisungen sprechen, und Siri versucht dann, die Absicht des Nutzers zu verstehen und eine passende Antwort zu geben oder eine Aktion auszuführen.

Spracherkennung kann auch in der Medizin eine wichtige Rolle spielen. So können Ärzte und Pflegepersonal mit Hilfe von Spracherkennungssystemen schnell und einfach Patientendaten erfassen oder Notizen machen, ohne die Hände zu benutzen. In Zukunft könnten

Spracherkennungssysteme auch bei der Diagnose und Therapie von Patienten helfen.

Insgesamt zeigt sich, dass Künstliche Intelligenz in vielen Lebensbereichen Anwendung findet und ein großes Potenzial für die Zukunft birgt. Dabei gilt es jedoch, die ethischen und gesellschaftlichen Implikationen im Auge zu behalten und sicherzustellen, dass die Technologie zum Wohle der Gesellschaft eingesetzt wird.

Exkurs: Natural Language Processing (NLP)

Natural Language Processing (NLP) ist ein Bereich der Künstlichen Intelligenz, der sich mit der Verarbeitung und Analyse menschlicher Sprache beschäftigt. Es geht darum, Computer in die Lage zu versetzen, menschliche Sprache zu verstehen und zu interpretieren, um beispielsweise Fragen zu beantworten, Texte zu übersetzen oder Chatbots zu erstellen, die Fragen von Nutzern beantworten können.

Eine der Grundlagen von NLP ist die Computerlinguistik, die sich mit der Struktur von Sprache beschäftigt. Dazu gehören beispielsweise Grammatik, Syntax und Semantik. Ein weiterer wichtiger Faktor ist das maschinelle Lernen, bei dem der Computer durch das Lernen aus großen Datenmengen trainiert wird.

Ein bekanntes Beispiel für NLP ist die maschinelle Übersetzung von Texten. Dabei wird ein Text in eine Fremdsprache übersetzt, wobei der Computer die Struktur und den Kontext des Textes berücksichtigt. Dabei können auch kulturelle Unterschiede und Redewendungen in den Übersetzungsprozess einfließen.

Ein weiteres Beispiel für NLP sind Chatbots, die Fragen von Nutzern beantworten. Hier geht es darum, dass der Computer die Fragen des Nutzers versteht und eine passende Antwort gibt. Dabei können auch Kontextinformationen wie der Standort oder das Alter des

Nutzers berücksichtigt werden, um die Antwort besser auf den Nutzer abzustimmen.

Auch in der Medizin kann NLP eine wichtige Rolle spielen. Hier geht es darum, medizinische Texte wie Krankenakten oder wissenschaftliche Artikel automatisch zu analysieren und zu verstehen. So können beispielsweise Krankheitsverläufe oder Therapieerfolge automatisch ausgewertet werden.

Ein weiteres Anwendungsgebiet von NLP ist die Analyse von Social-Media-Daten. Hier können beispielsweise Meinungen zu bestimmten Produkten oder Themen automatisch ausgewertet werden, um Trends zu erkennen oder die Meinung der Nutzer zu verstehen.

Insgesamt zeigt sich, dass Natural Language Processing ein sehr vielfältiges und spannendes Anwendungsgebiet der Künstlichen Intelligenz ist. Insbesondere im Hinblick auf die Automatisierung von Prozessen, die Verbesserung der User Experience und die Analyse großer Datenmengen birgt es großes Potenzial für die Zukunft. Allerdings gilt es auch, die ethischen und gesellschaftlichen Auswirkungen im Auge zu behalten und sicherzustellen, dass die Technologie zum Wohle der Gesellschaft eingesetzt wird.

Robotik und Automatisierung

Künstliche Intelligenz und Robotik spielen eine immer wichtigere Rolle bei der Automatisierung von Prozessen in vielen Bereichen, von der Produktion über die Logistik bis hin zum Gesundheitswesen. Der Einsatz von Robotern kann dazu beitragen, Arbeitsabläufe zu optimieren, Kosten zu senken und die Sicherheit am Arbeitsplatz zu erhöhen. Dabei ermöglicht die Kombination von Robotik und Künstlicher Intelligenz, dass Roboter immer komplexere Aufgaben übernehmen und auch in unstrukturierten Umgebungen agieren können.

Ein Beispiel für den Einsatz von Robotik und KI ist die Automobilproduktion. Hier können Roboter schwere und sich wiederholende Arbeiten wie das Schweißen von Karosserieteilen übernehmen. Durch den Einsatz Künstlicher Intelligenz können Roboter lernen, Aufgaben in unterschiedlichen Situationen auszuführen. So können sie beispielsweise lernen, auf Abweichungen in der Produktion zu reagieren und Fehler zu erkennen und zu beheben.

Auch in der Logistik spielen Roboter eine immer wichtigere Rolle. Sie können beispielsweise in Lagerhallen eingesetzt werden, um Waren zu transportieren und zu sortieren. Durch den Einsatz von Künstlicher Intelligenz können die Roboter lernen, wie sie sich in einem komplexen Umfeld zurechtfinden und auch bei unerwarteten Hindernissen effizient navigieren können.

Ein weiteres Anwendungsgebiet für Robotik und Künstliche Intelligenz ist die Gesundheitsversorgung. Hier können Roboter beispielsweise bei der Pflege von Patienten eingesetzt werden. Sie können dabei helfen, Patienten zu betten, zu heben oder zu transportieren. Durch den Einsatz von Künstlicher Intelligenz können die Roboter auch lernen, wie sie auf die Bedürfnisse von Patienten eingehen und individuelle Pflegepläne erstellen können.

Allerdings gibt es auch Herausforderungen, die bei der Verwendung von Robotik und Künstlicher Intelligenz berücksichtigt werden müssen. Eine wichtige Frage ist beispielsweise, wie sich der Einsatz von Robotern auf den Arbeitsmarkt auswirkt. Es besteht die Sorge, dass durch die Automatisierung von Prozessen viele Arbeitsplätze verloren gehen könnten. Hier ist es wichtig, dass die Politik und Unternehmen Strategien entwickeln, um sicherzustellen, dass der Wandel durch den Einsatz von Robotik und künstlicher Intelligenz sozialverträglich gestaltet wird.

Ein weiteres Thema ist die Sicherheit im Zusammenhang mit Robotik und Künstlicher Intelligenz. Es besteht beispielsweise das Risiko, dass Roboter aufgrund von Fehlern oder Angriffen von außen Schaden verursachen können. Auch hier müssen geeignete

Sicherheitsvorkehrungen getroffen werden, um mögliche Risiken zu minimieren.

Insgesamt lässt sich sagen, dass Robotik und Künstliche Intelligenz ein großes Potential für die Zukunft haben. Sie können dazu beitragen, Prozesse effizienter zu gestalten und die Sicherheit am Arbeitsplatz zu erhöhen. Allerdings müssen auch die Auswirkungen auf den Arbeitsmarkt, die Sicherheit und weitere ethische Fragen berücksichtigt werden.

Proteus – Amazon's autonomer Roboter

Im Jahr 2022 stellte Amazon seinen ersten vollständig autonomen und mobilen Roboter vor: Proteus. Er soll in Logistikzentren rund um die Uhr Pakete transportieren, heben und absetzen. Dank verbesserter KI und fortschrittlicher Sicherheits-, Wahrnehmungs- und Navigationstechnologien soll er auch in der Lage sein, Menschen auszuweichen und so die Zusammenarbeit von Mensch und Maschine zu gewährleisten.

Medizin und Gesundheitswesen

Künstliche Intelligenz (KI) hat das Potenzial, die Art und Weise, wie wir im Gesundheitswesen arbeiten und Patienten behandeln, zu verändern. Die Fähigkeit von KI-Systemen, große Datenmengen schnell zu analysieren und zu verarbeiten, hat bereits zu zahlreichen Anwendungen in der Medizin und im Gesundheitswesen geführt.

Eine wichtige Anwendung von KI im Gesundheitswesen ist die Diagnoseunterstützung. KI-Systeme können große Datenmengen aus verschiedenen Quellen, darunter elektronische Patientenakten, Labordaten und Bilder, analysieren und Muster erkennen, die auf bestimmte Krankheiten oder Zustände hinweisen. Dies kann dazu beitragen, Diagnosen schneller und genauer zu stellen und die Behandlung zu verbessern.

Ein weiterer Bereich, in dem KI zum Einsatz kommt, ist die personalisierte Medizin. Durch die Analyse von Patientendaten, einschließlich Genomdaten, können KI-Systeme die Wahrscheinlichkeit bestimmter Krankheiten vorhersagen und personalisierte Behandlungspläne erstellen. Dies kann dazu beitragen, die Wirksamkeit von Behandlungen zu verbessern und Nebenwirkungen zu minimieren.

KI wird auch zur Verbesserung der medizinischen Bildgebung eingesetzt. KI-Systeme können Bilder wie Röntgenaufnahmen, CT- und MRT-Scans analysieren und Muster erkennen, die auf bestimmte Zustände hinweisen. Dies kann dazu beitragen, Diagnosen schneller und genauer zu stellen und die Behandlung zu verbessern.

Ein weiteres Anwendungsgebiet der KI ist die Arzneimittelentwicklung. Durch die Analyse großer Datenmengen können KI-Systeme neue Wirkstoffe identifizieren und die Entwicklung neuer Medikamente beschleunigen. Dies kann dazu beitragen, neue

Behandlungsmöglichkeiten für Krankheiten zu finden, für die es derzeit keine Heilung gibt.

Darüber hinaus kann KI dazu beitragen, die Effizienz und Kostenwirksamkeit von Gesundheitssystemen zu verbessern. KI-Systeme können eingesetzt werden, um Arbeitsabläufe in Krankenhäusern und Kliniken zu optimieren, die Wartung von Geräten zu planen und Ressourcen effizienter zu nutzen. Dies kann dazu beitragen, die Qualität der Versorgung zu verbessern und die Kosten zu senken.

Allerdings gibt es auch Bedenken gegenüber dem Einsatz von KI im Gesundheitswesen. Ein wichtiger Aspekt ist die Datensicherheit und der Schutz der Privatsphäre der Patienten. Es muss sichergestellt werden, dass die von KI-Systemen verwendeten Daten sicher und vertraulich behandelt werden.

Ein weiteres Problem ist die Verantwortung und Haftung im Falle von Fehlern oder Schäden, die durch KI-Systeme verursacht werden können. Es ist wichtig, klare Richtlinien und Standards für die Entwicklung und Anwendung von KI im

Gesundheitswesen zu entwickeln, um sicherzustellen, dass die Technologie sicher und effektiv ist.

Das Potenzial der Künstlichen Intelligenz im Gesundheitswesen ist enorm und kann dazu beitragen, Diagnosen schneller und genauer zu stellen, personalisierte Behandlungen zu entwickeln und die Effizienz medizinischer Verfahren zu verbessern.

Anwendungen in der Wirtschaft

Auch in der Wirtschaft hat die Künstliche Intelligenz das Potenzial, diese zu revolutionieren und die Art und Weise, wie Unternehmen arbeiten, zu verändern. KI-Technologien können eingesetzt werden, um Geschäftsprozesse zu automatisieren, Entscheidungen zu verbessern und Kundenbedürfnisse genauer zu analysieren.

Ein wichtiger Bereich, in dem KI in der Wirtschaft eingesetzt wird, ist die Automatisierung von Geschäftsprozessen. Unternehmen nutzen KI-Technologien, um Arbeitsabläufe zu automatisieren und repetitive Aufgaben zu delegieren. Dies kann Kosten senken und die Effizienz erhöhen. Auch die Entwicklung von intelligenten Systemen wie Chatbots und virtuellen Assistenten wird immer wichtiger, um Kundenanfragen und -bedürfnisse besser zu erfüllen.

Darüber hinaus kann KI auch bei der Analyse von großen Datenmengen eingesetzt werden, um Entscheidungen zu unterstützen und Prozesse zu optimieren. KI kann dabei helfen, Muster in den Daten zu erkennen und Vorhersagen zu treffen. Diese Fähigkeit kann bei der Entwicklung von Marketingstrategien oder bei der Identifizierung von Geschäftsmöglichkeiten genutzt werden.

Ein weiterer Bereich, in dem KI in der Wirtschaft Anwendung findet, ist die Verbesserung von Produktionsprozessen. KI-Technologien können bei der Überwachung von Produktionsprozessen und bei der Qualitätssicherung eingesetzt werden. Auch bei der Optimierung von Logistikprozessen und der Steuerung von Lieferketten kann KI helfen.

Insgesamt bietet die Integration von KI in Unternehmen viele Vorteile wie höhere Effizienz, bessere Entscheidungen und höhere Kundenzufriedenheit. Allerdings müssen auch ethische Aspekte und der Datenschutz berücksichtigt werden. Es ist wichtig, dass Unternehmen sicherstellen, dass der Einsatz von KI im Einklang mit den Interessen der Kunden und der Gesellschaft steht. Dennoch ist davon auszugehen, dass der Einsatz von KI in der Wirtschaft in Zukunft weiter stark zunehmen und eine wichtige Rolle bei der Entwicklung von Geschäftsmodellen und der Verbesserung von Prozessen spielen wird. Unternehmen, die KI-Technologien frühzeitig integrieren, können von Wettbewerbsvorteilen und neuen Geschäftsmöglichkeiten profitieren.

05 | AUSWIRKUNGEN AUF DIE GESELLSCHAFT

Künstliche Intelligenz beeinflusst bereits heute unser Leben, ob bewusst oder unbewusst. Mit der Zeit wird sie immer mehr Bereiche unseres Lebens durchdringen.

Arbeitsmarkt und Beschäftigung

Die rasante Entwicklung von Künstlicher Intelligenz (KI) hat in den letzten Jahren Auswirkungen auf viele Bereiche der Gesellschaft, einschließlich des Arbeitsmarkts und der Beschäftigungsmöglichkeiten. Während einige Experten der Meinung sind, dass KI zu einem Abbau von Arbeitsplätzen führen wird, gibt es auch die Auffassung, dass KI neue

Arbeitsmöglichkeiten schaffen und die Effizienz von Arbeitsprozessen erhöhen kann.

Eines der Hauptargumente für den Abbau von Arbeitsplätzen durch KI ist, dass viele Aufgaben, die bisher von Menschen ausgeführt wurden, nun von Maschinen übernommen werden können. Dies betrifft vor allem repetitive und monotone Aufgaben wie beispielsweise die Montage von Teilen in der Fertigung oder das Erfassen von Daten in der Buchhaltung. Durch den Einsatz von KI-basierten Automatisierungstechnologien können Unternehmen diese Aufgaben schneller und effizienter durchführen, was zu einem Rückgang der Nachfrage nach Arbeitskräften führen kann.

Darüber hinaus haben einige Experten Bedenken geäußert, dass hochqualifizierte Arbeitsplätze wie Ärzte oder Anwälte in Zukunft ebenfalls von KI-Systemen bedroht sein könnten. Fortschritte in der Spracherkennung, dem maschinellen Lernen und der Datenanalyse haben bereits dazu geführt, dass KI-basierte Systeme in der Lage sind, komplexe medizinische Diagnosen zu stellen oder rechtliche Dokumente zu analysieren. Während diese Systeme derzeit noch von menschlichen Experten überwacht werden müssen, besteht die Möglichkeit, dass sie in Zukunft in der Lage sein werden, Aufgaben vollständig autonom auszuführen.

Allerdings gibt es auch Argumente, dass KI neue Arbeitsmöglichkeiten schaffen und die Effizienz von Arbeitsprozessen erhöhen kann. Der Einsatz von KI-Systemen kann die Produktivität und Effizienz in vielen Branchen steigern und dadurch neue Jobs schaffen, die auf die Entwicklung und Wartung dieser Systeme spezialisiert sind. Beispielsweise können Datenwissenschaftler, Ingenieure und Programmierer benötigt werden, um KI-basierte Systeme zu entwickeln, zu implementieren und zu pflegen.

Darüber hinaus kann der Einsatz von KI auch dazu beitragen, die Sicherheit am Arbeitsplatz zu verbessern. KI-basierte Systeme können beispielsweise eingesetzt werden, um potenzielle Gefahren in der Fertigung zu erkennen oder um

Arbeitern dabei zu helfen, sicherere Arbeitspraktiken zu entwickeln.

Insgesamt ist es schwer abzuschätzen, welche Auswirkungen KI auf den Arbeitsmarkt und Beschäftigungen haben wird. Während einige Jobs möglicherweise durch KI-Systeme ersetzt werden, können neue Arbeitsmöglichkeiten und Technologien entstehen, die neue Fähigkeiten und Kenntnisse erfordern. Um die Vorteile von KI nutzen zu können, müssen Regierungen, Unternehmen und Gesellschaften jedoch zusammenarbeiten, um sicherzustellen, dass die Veränderungen, die KI bringt, fair und inklusiv sind. Das bedeutet, dass Investitionen in die Ausbildung und Umschulung von Arbeitnehmern erforderlich sind, um sicherzustellen, dass sie über die Fähigkeiten und Kenntnisse verfügen, die für die neuen Arbeitsmöglichkeiten benötigt werden. Darüber hinaus müssen Arbeits- und Sozialgesetzgebungen aktualisiert und angepasst werden, um sicherzustellen, dass Arbeitnehmer fair und gerecht behandelt werden und dass die Vorteile von KI gerecht auf die gesamte Gesellschaft verteilt werden.

Ein weiterer wichtiger Aspekt bei der Betrachtung der Auswirkungen von KI auf die Gesellschaft ist die Frage der Ungleichheit. Während KI-Systeme möglicherweise die Effizienz und Produktivität in einigen Branchen erhöhen können, können sie auch dazu beitragen, bestehende soziale und wirtschaftliche Ungleichheiten zu verstärken. Einige Experten argumentieren, dass die Vorteile von KI-Systemen ungleich auf verschiedene Gruppen verteilt sein könnten, wodurch einige Arbeitnehmer möglicherweise schlechter gestellt werden als andere. Beispielsweise könnten Arbeiter in Entwicklungsländern, die nicht über die notwendigen Ressourcen und Fähigkeiten verfügen, um mit KI-Systemen zu konkurrieren, benachteiligt werden.

Insgesamt haben KI-Systeme das Potenzial, den Arbeitsmarkt und Beschäftigungen erheblich zu verändern. Obwohl sie möglicherweise einige Jobs ersetzen können, können sie auch dazu beitragen, neue Arbeitsmöglichkeiten und Technologien zu schaffen. Um sicherzustellen, dass die Auswirkungen von KI fair und inklusiv sind, müssen alle relevanten Akteure zusammenarbeiten, um sicherzustellen, dass die Vorteile von KI gerecht verteilt werden und dass Arbeitnehmer über die Fähigkeiten und Kenntnisse verfügen, die für die neuen Arbeitsmöglichkeiten benötigt werden.

Ethik und Datenschutz

Die Auswirkungen von Künstlicher Intelligenz auf die Gesellschaft sind nicht nur auf den Arbeitsmarkt und die Beschäftigung beschränkt, sondern haben auch Auswirkungen auf die Ethik und den Datenschutz. KI-Systeme können erhebliche Auswirkungen auf die Privatsphäre und die Freiheiten von Individuen haben, insbesondere wenn sie nicht ordnungsgemäß reguliert und implementiert werden.

Ein zentraler Aspekt in Bezug auf die Ethik von KI-Systemen ist die Frage, ob sie fair und transparent sind. KI-Systeme können Vorurteile und Diskriminierung reproduzieren, wenn sie auf unzureichenden oder unvollständigen Daten trainiert werden oder wenn sie aufgrund ihrer Konstruktion oder ihres Algorithmus systematische Ungleichheiten aufweisen. Dies kann zu einer Verzerrung von Entscheidungen führen, die auf KI-Systemen basieren, und dazu beitragen, bestehende soziale und wirtschaftliche Ungleichheiten zu verstärken.

Ein weiteres wichtiges Thema in Bezug auf KI und Ethik ist die Frage der Verantwortung. Wenn ein KI-System eine falsche Entscheidung trifft oder einen Fehler macht, wer ist dann dafür verantwortlich? Die Verantwortlichkeit kann nicht einfach auf den Algorithmus abgeschoben werden, sondern muss von denjenigen übernommen werden, die das System entwickeln und implementieren.

In Bezug auf den Datenschutz ist es wichtig zu berücksichtigen, dass KI-Systeme oft große Mengen an Daten sammeln und analysieren. Diese Daten können persönliche Informationen und Vorlieben enthalten, die für Individuen sehr sensibel sind. Es ist wichtig sicherzustellen, dass diese Daten sicher gespeichert und verwendet werden und dass die Privatsphäre der Individuen respektiert wird.

Eine weitere Herausforderung im Zusammenhang mit Datenschutz und KI ist die Frage, wer Zugriff auf diese Daten hat. Unternehmen und Regierungen können in der Lage sein, diese Daten zu nutzen, um Entscheidungen zu treffen, die weitreichende Auswirkungen auf die Gesellschaft haben können. Es ist wichtig sicherzustellen, dass die Nutzung von Daten transparent und verantwortungsbewusst erfolgt und dass Individuen über die Verwendung ihrer Daten informiert werden und diese auch kontrollieren können. Details dazu in Kapitel 07 | KI & Blockchain.

Insgesamt haben KI-Systeme erhebliche Auswirkungen auf die Ethik und den Datenschutz. Es ist wichtig sicherzustellen, dass KI-Systeme fair, transparent und verantwortungsbewusst entwickelt und eingesetzt werden. Darüber hinaus müssen Regierungen und Unternehmen sicherstellen, dass Datenschutzgesetze und -vorschriften eingehalten werden und dass Individuen über die

Verwendung ihrer Daten informiert werden und die Kontrolle darüber haben. Durch die Berücksichtigung dieser Faktoren kann die Entwicklung von KI-Systemen dazu beitragen, das Potenzial von KI für die Gesellschaft zu maximieren und gleichzeitig sicherzustellen, dass ihre Auswirkungen fair und inklusiv sind.

Verantwortung und Haftung

Künstliche Intelligenz hat erhebliche Auswirkungen auf die Gesellschaft und wirft viele Fragen in Bezug auf Verantwortung und Haftung auf. Wer ist für die Entscheidungen verantwortlich, die von KI-Systemen getroffen werden? Wer ist haftbar, wenn ein KI-System einen Fehler macht oder eine falsche Entscheidung trifft? Diese Fragen werden immer dringlicher, da die Nutzung von KI-Systemen immer weiter zunimmt.

Eines der Hauptprobleme in Bezug auf Verantwortung und Haftung bei KI-Systemen ist, dass sie in der Regel auf komplexen Algorithmen basieren, die für Menschen oft schwer zu verstehen sind. Wenn ein KI-System eine falsche Entscheidung trifft, kann es schwierig sein, die Ursache des Problems zu ermitteln. Es ist wichtig, dass Unternehmen und Regierungen Verfahren entwickeln, um die Verantwortlichkeit für KI-Systeme zu klären und sicherzustellen, dass diejenigen, die für die Entwicklung und den Einsatz dieser Systeme verantwortlich sind, zur Rechenschaft gezogen werden können.

Ein weiteres wichtiges Thema in Bezug auf die Verantwortung und Haftung von KI-Systemen ist die Frage, ob sie aufgrund ihrer Programmierung oder Trainingsdaten diskriminierend sind. KI-Systeme können auf Vorurteilen und Stereotypen basieren, die in den Trainingsdaten enthalten sind, was zu Entscheidungen führen kann, die bestimmte Gruppen diskriminieren. Es ist wichtig sicherzustellen, dass KI-Systeme fair und inklusiv sind und dass Entscheidungen auf objektiven Faktoren und nicht auf Vorurteilen basieren.

Darüber hinaus ist es wichtig sicherzustellen, dass KI-Systeme ethischen Standards entsprechen und dass ihre Nutzung mit den Werten und Normen der Gesellschaft vereinbar ist. KI-Systeme können in der Lage sein, Entscheidungen zu treffen, die weitreichende Auswirkungen auf die Gesellschaft haben, z.B. im Gesundheitswesen oder im Strafrecht. Es ist wichtig sicherzustellen, dass diese Systeme transparent sind und dass ihre Entscheidungsprozesse nachvollziehbar sind, um sicherzustellen, dass sie fair und verantwortungsbewusst sind.

Schließlich ist es essenziell, dass Regierungen und Unternehmen sicherstellen, dass KI-Systeme so entwickelt und eingesetzt werden, dass sie mit den bestehenden Gesetzen und Vorschriften in Einklang stehen. KI-Systeme können die Art und Weise verändern, wie Entscheidungen getroffen werden, und es ist wichtig sicherzustellen, dass sie mit den Grundsätzen von Gerechtigkeit, Gleichheit und Rechtsstaatlichkeit in Einklang stehen.

Insgesamt haben KI-Systeme erhebliche Auswirkungen auf die Verantwortung und Haftung in der Gesellschaft. Es ist signifikant, dass Unternehmen und Regierungen Verfahren entwickeln, um die Verantwortlichkeit für diese Systeme zu klären und sicherzustellen, dass sie fair, inklusiv und ethisch einwandfrei sind. Durch die Berücksichtigung dieser Faktoren kann die Entwicklung von KI-Systemen dazu beitragen, das Potenzial von KI für die Gesellschaft zu maximieren. Zusätzlich müssen Regierungen und Unternehmen sicherstellen, dass geeignete Rechtsrahmen und Gesetze vorhanden sind, um Verantwortung und Haftung für KI-Systeme zu regeln. Es ist wichtig, dass diese Gesetze klar und eindeutig sind, um die Verantwortung und Haftung zu klären, wenn etwas schief geht. Es ist auch wichtig sicherzustellen, dass die Haftung auf die richtigen Parteien übertragen wird, um sicherzustellen, dass Verantwortung und Haftung gerecht und angemessen verteilt werden.

Zukunftsaussichten und Potenziale

Künstliche Intelligenz hat in den letzten Jahrzehnten enorme Fortschritte gemacht und es gibt viele spannende Zukunftsperspektiven und Potenziale für diese Technologie. Hier sind einige der wichtigsten Entwicklungen und Anwendungsmöglichkeiten der Künstlichen Intelligenz zusammengefasst.

Autonome Systeme und Robotik - Ein wichtiger Bereich, in dem die Künstliche Intelligenz enorme Fortschritte gemacht hat, ist die Entwicklung autonomer Systeme und Roboter. Diese Technologie hat das Potenzial, eine Vielzahl von Aufgaben und Tätigkeiten zu automatisieren, von der Logistik und Produktion bis hin zu medizinischen Diagnosen und der Bewältigung von Naturkatastrophen.

Verbesserte Gesundheitsversorgung - Ein weiterer Bereich, in dem Künstliche Intelligenz das Potenzial hat, erhebliche Fortschritte zu erzielen, ist das Gesundheitswesen. KI-gestützte Diagnose- und Behandlungssysteme können dazu beitragen, genaue Diagnosen zu stellen und die Behandlung zu verbessern, indem sie große Datenmengen analysieren und wichtige Erkenntnisse liefern.

Intelligente Städte - Dank der Fortschritte bei der Sensorik, dem Internet der Dinge und der Künstlichen Intelligenz können Städte intelligenter werden. Die Integration von KI in Verkehrs- und Energiesysteme kann dazu beitragen, den Verkehrsfluss zu verbessern, den Energieverbrauch und die Energiekosten zu senken und das Leben in der Stadt insgesamt zu verbessern.

Virtuelle Assistenten - Virtuelle Assistenten wie Siri, Alexa und Google Assistant haben bereits einen großen Einfluss auf unser tägliches Leben. Die

Künstliche Intelligenz hinter diesen Systemen kann in Zukunft noch viel weiter gehen und uns in vielen Lebensbereichen unterstützen, von der Organisation des Alltags bis hin zur Unterstützung in Bildung und Beruf.

Bildung - Künstliche Intelligenz hat das Potenzial, Bildung und Lernen zu revolutionieren. KI-gestützte Lernsysteme können individuelle Lernwege für jeden Lernenden anbieten und ihn dabei unterstützen, seine Ziele zu erreichen. KI-gestützte Systeme können Lehrkräfte dabei unterstützen, die Lernfortschritte der Schüler zu verfolgen und ihnen individuelles Feedback zu geben.

Fortgeschrittene Analysen – Auch hier hat Künstliche Intelligenz das Potenzial, den Fortschritt von Unternehmen und Organisationen auf eine neue Ebene zu heben. Durch den Einsatz von KI-gestützten Analyse- und Prognosesystemen können Unternehmen die Bedürfnisse ihrer Kunden besser verstehen und ihre Produkte und Dienstleistungen optimieren.

Obwohl die Künstliche Intelligenz ein enormes Potenzial für die Zukunft hat, gibt es auch viele Herausforderungen, die bewältigt werden müssen. Ethische, rechtliche und regulatorische Fragen im Zusammenhang mit der Nutzung von KI müssen sorgfältig geprüft werden, um sicherzustellen, dass KI-Systeme sicher, fair und integrativ sind. Auch die Sicherheit von KI-Systemen muss ständig verbessert und gewährleistet werden.

Zusammenfassend lässt sich sagen, dass KI-Technologien ein enormes Potenzial für die Zukunft haben und unser Leben in vielen Bereichen positiv beeinflussen können. Es ist jedoch wichtig, dass wir die Entwicklung und Anwendung der Technologie verantwortungsvoll und ethisch gestalten, um negative Auswirkungen auf die Gesellschaft zu vermeiden.

06 | PERSÖNLICHES FAZIT ZU KI

Als Informatiker und leidenschaftlicher Techie bin ich natürlich ein Verfechter der Künstlichen Intelligenz. Ihr Nutzen und ihre Unterstützung im Alltag sind nicht von der Hand zu weisen. Ich würde sogar behaupten, dass nahezu fast jeder bewusst oder eher unbewusst KI einsetzt, um ein bestimmtes Problem zu lösen. In den letzten Jahren haben Unternehmen wie Boston Dynamics mit ihren KI-gesteuerten Robotern oder Tesla mit ihren autonomen Fahrzeugen noch einmal verdeutlicht, dass die Entwicklung immer mehr an Fahrt aufnimmt. Mit ChatBots oder grafischen KIs sind die Werkzeuge in jedes Wohnzimmer eingezogen. Und sie sind gekommen, um zu bleiben. Betrachten wir jedoch die Arten von KI und die entsprechenden Stadien, wird deutlich, dass wir erst am Anfang der KI-Revolution stehen. Alles steckt noch in den Kinderschuhen.

Meine einzige Sorge ist, dass sich die KI schneller entwickelt, als die Menschen sie verstehen. Sie wird oft als Bedrohung angesehen. Ich bin mir aber nicht sicher, ob es einfach in der Natur des Menschen liegt, Angst vor Veränderungen zu haben. Nun steht das „D" in Deutschland auch nicht für Digitalisierung, daher sind die Sorgen und Zweifel hier natürlich noch größer. Mal von bürokratischen Hindernissen abgesehen. Auch die Sorge um die Reduzierung von Arbeitsplätzen durch Künstliche Intelligenz sehe ich zwiespältig. Es ist ein evolutionärer Prozess und die Arbeitswelt verändert sich, ob mit KI oder ohne. Wir müssen uns immer anpassen. Aber das ist nur meine Meinung. Der Ausblick auf zukünftige Entwicklungen und Chancen der KI ist daher sehr vielversprechend und wird in den kommenden Jahren wahrscheinlich weitere bahnbrechende Durchbrüche bringen. Hier ein Beispiel für einen recht aktuellen technischen Durchbruch in Zusammenhang mit Künstlicher Intelligenz:

KI kann offenbar Gedanken lesen

Während ich mich in den letzten Zügen des Buches befinde, lese ich nebenbei einen Artikel, der noch einmal verdeutlicht, was möglich ist und möglich sein wird. Japanischen Wissenschaftlern ist es gelungen, Gedanken mit Hilfe von KI sichtbar zu machen. Dabei wurde die funktionelle Magnetresonanztomographie (fMRT) genutzt, um Gehirnaktivitäten anhand von Durchblutungsänderungen sichtbar zu machen. Künstliche Intelligenz half dann, diese Daten zu analysieren und reale Bilder zu erzeugen. Das Besondere daran: Die verwendete KI war eine Open-Source-Lösung, die für jedermann zugänglich ist.

Dieses Buch soll helfen Grundlagen der Künstlichen Intelligenz zu schaffen, um euch eine eigene Meinung bilden zu können. Ein weiterer wichtiger Trend ist die Dezentralisierung der KI, bei der KI-Anwendungen in dezentralen Netzwerken betrieben werden, um die Sicherheit, Transparenz und Demokratisierung von KI-Systemen zu verbessern. Mehr dazu im nächsten Kapitel (KI & BLOCKCHAIN).

Exkurs: Singularität

Die Singularität (auch technologische Singularität genannt) ist ein hypothetischer Zeitpunkt in der Zukunft, an dem die technologische Entwicklung so weit fortgeschritten ist, dass sie außer Kontrolle gerät und sich exponentiell beschleunigt. Es wird angenommen, dass Maschinen an diesem Punkt der technologischen Entwicklung in der Lage sein werden, sich selbst zu verbessern, was zu einem explosionsartigen Anstieg der Intelligenz und Problemlösungsfähigkeit führen wird. Die Folgen einer solchen Entwicklung sind schwer abzuschätzen, da sie potenziell weitreichende Veränderungen in allen Lebensbereichen mit sich bringen könnte.

Die Idee der Singularität geht auf den Mathematiker und Science-Fiction-Autor Vernor Vinge zurück, der 1993 einen Aufsatz veröffentlichte, in dem er argumentierte, dass die menschliche Vorstellungskraft nicht ausreiche, um die Auswirkungen einer solchen Entwicklung vollständig zu verstehen. Andere Wissenschaftler und Denker wie der Futurist Ray Kurzweil haben die Idee der Singularität aufgegriffen und argumentiert, dass sie in absehbarer Zeit eintreten könnte.

Es gibt jedoch auch Kritiker, die die Idee der Singularität als spekulativ und unwissenschaftlich ablehnen. Sie argumentieren, dass es unmöglich sei, die zukünftige technologische Entwicklung vorherzusagen, und dass es unklar sei, ob eine Singularität jemals eintreten wird.

Unabhängig davon, ob die Singularität eine realistische Möglichkeit ist oder nicht, bleibt die Entwicklung der Künstlichen Intelligenz eine der größten Herausforderungen der modernen Wissenschaft. Es ist klar, dass KI bereits heute einen großen Einfluss auf unser Leben hat und in Zukunft noch weiter zunehmen wird. Wie wir mit diesen Entwicklungen umgehen und welche Auswirkungen sie haben werden, wird von großer Bedeutung sein und sollte sorgfältig erforscht und diskutiert werden.

Aktuelle und potentielle Gefahren

Dass Künstliche Intelligenz nicht nur ein Segen ist, sollte klar sein. Wie immer im Leben gibt es auch bei der KI zwei Seiten, die es zu betrachten gilt. Natürlich birgt die Künstliche Intelligenz ein großes Potenzial, da sie das Leben der Menschen in vielerlei Hinsicht verbessern kann, aber es gibt auch Bedenken und Herausforderungen, die mit ihrem Einsatz verbunden sind. Eine der größten Sorgen ist, dass KI-Systeme menschliche Entscheidungen auf der Grundlage von Algorithmen treffen können, die auf historischen Daten basieren. Diese Daten können auf Vorurteilen und Ungleichheiten beruhen und somit die Entscheidungen der KI-Systeme beeinflussen. Tatsächlich gibt es bereits Fälle, in denen KI-basierte Systeme diskriminierende Entscheidungen getroffen haben.

Ein weiteres Problem ist die Frage der Verantwortung und Haftung. Wenn ein KI-System eine falsche Entscheidung trifft, wer ist dafür verantwortlich? Der Entwickler, der Besitzer oder das System selbst? Wird eine KI jemals vor Gericht stehen (können)? Es gibt auch Bedenken hinsichtlich des Datenschutzes und der Privatsphäre, da KI-Systeme große Datenmengen sammeln und analysieren können, die potenziell missbraucht werden können.

Ein weiteres Risiko besteht darin, dass KI-Systeme unvorhergesehene Auswirkungen haben können. Beispielsweise könnte ein KI-System, das zur Erkennung menschlicher Gesichter entwickelt wurde, aufgrund von Programmierfehlern oder unerwarteten Interaktionen mit seiner Umgebung falsche Entscheidungen treffen. Es gibt auch Bedenken hinsichtlich der Sicherheit von KI-Systemen, da sie gehackt oder manipuliert werden können.

Schließlich besteht die Gefahr, dass KI-Systeme menschliche Arbeit ersetzen, was zu Arbeitslosigkeit und sozialen Unruhen führen könnte. Obwohl die Automatisierung von Arbeitsplätzen nicht neu ist, wird erwartet, dass KI-Systeme in der Lage sein werden, ein breiteres Spektrum von Aufgaben zu übernehmen und somit mehr Arbeitskräfte zu ersetzen.

Es ist wichtig, diese potenziellen Gefahren und Herausforderungen ernst zu nehmen und sicherzustellen, dass KI-Systeme so entwickelt werden, dass sie ethischen und sozialen Standards entsprechen. Die Regulierung und Überwachung der Entwicklung und Anwendung von KI ist von entscheidender Bedeutung, um sicherzustellen, dass die Vorteile der Möglichkeiten von KI maximiert und die potenziellen Gefahren minimiert werden.

KI entwickelt 40000 chemische Kampfstoffe in 6 Stunden

Anfang 2022 sorgte das Ergebnis einer Künstlichen Intelligenz für Aufsehen. Ein amerikanisches Pharmaunternehmen hatte eine KI eingesetzt, um toxische Moleküle zu entwickeln. Normalerweise wird diese KI eingesetzt, um Moleküle zu finden, die Menschen in Medikamenten helfen können. Zu Demonstrationszwecken wurde die KI so eingestellt, dass sie nicht nach Molekülen suchte, die für den Menschen ungefährlich sind, sondern nach solchen, die giftig sind. Das Ergebnis war verblüffend und schockierend zugleich, denn die KI fand innerhalb von 6 Stunden 40.000 toxische Moleküle, die zur Herstellung von chemischen Waffen verwendet werden könnten.

Auch Elon Musk, eigentlich ein großer Befürworter der Künstlichen Intelligenz, warnt vor ihr. Musk, der KI bereits bei SpaceX oder Tesla (autonomes Fahren) einsetzt und 2015 auch einer der Hauptsponsoren und Mitbegründer von OpenAI war, äußert sich regelmäßig zu den möglichen

Gefahren und bezeichnet sie als eines der größten Risiken für die Menschheit. Er fordert, sich auf die Regulierung der KI-Sicherheit zu konzentrieren, auch wenn dies den Fortschritt etwas verlangsamen würde.

2025 hat die KI die Menschheit überholt

Im Sommer 2020 gab Elon Musk ein Interview in dem er sich zum „Mensch-Maschine-Wettbewerb" äußerte und nannte ganz konkret einen Zeitraum von 5 Jahren in denen die Künstliche Intelligenz die menschliche überholt hat. In einem Interview mit der New York Times sagte er „KI wird von sehr klugen Menschen unterschätzt, weil sehr kluge Menschen nicht glauben, dass ein Computer jemals so klug sein kann wie sie". Nicht alleine wegen dieser Einschätzung gründete er das Unternehmen Neuralink, weil er fürchtet, dass die KI die menschliche hinter sich lassen wird und er so einen fairen Wettbewerb zwischen Menschen und Maschinen sichern möchte. Neuralink implantiert einen Chip im Gehirn des Menschen, der als Brain-Computer-Interface dient und die Kommunikation/Verbindung zwischen Mensch und Computer verbessern soll.

Nun ist die Entwicklung von Kampfstoffen ein eher erschreckendes Beispiel. Dieses ist aber zumindest nicht für die breite Masse zugänglich. Auch die Entwicklung einer Brain-Computer-Schnittstelle wird vorangetrieben, aber bis zu einer ersten massentauglichen Einführung (wenn überhaupt vorgesehen) wird es auch hier noch einige Jahre dauern. Was aber heute schon eingesetzt wird, sind unter anderem Deepfakes.

Deepfakes sind manipulierte Videos oder Bilder, die mit Hilfe Künstlicher Intelligenz erstellt wurden. Häufig werden Gesichter von Personen in bestehendes Material eingefügt, um den Eindruck zu erwecken, dass sie tatsächlich das sagen oder tun, was im Video zu sehen ist. Diese Technologie kann für harmlose Zwecke wie Film- und Fernsehproduktionen, aber auch für gefährlichere Zwecke wie die Verbreitung falscher Informationen und Betrug eingesetzt werden.

Eine der bekanntesten Anwendungen von Deepfakes ist die Herstellung gefälschter Pornovideos, in denen das Gesicht einer bekannten Person auf den Körper einer anderen Person projiziert wird. Solche Videos können für das Opfer sehr belastend sein und stellen eine Verletzung des Rechts auf Privatsphäre dar.

Deepfakes können auch politische Auswirkungen haben, indem sie die öffentliche Meinung beeinflussen und zur Verbreitung von Falschinformationen beitragen. Es wird auch befürchtet, dass Deepfakes in Zukunft dazu benutzt werden könnten, um gefälschte Beweise in Gerichtsverfahren zu produzieren.

Um die Verbreitung von Deepfakes einzudämmen, arbeiten Forscher und Entwickler an der Entwicklung von Technologien zur Erkennung und Verhinderung dieser Anwendugnen. Unternehmen und Organisationen setzen zudem auf Sensibilisierungskampagnen, um die Öffentlichkeit über die Risiken von Deepfakes aufzuklären.

Gerade in sozialen Medien wie TikTok sind Deepfakes mit einfachen Filtern schon fast alltäglich. Es wird immer schwieriger, zwischen Realität und Fake zu unterscheiden. Während es bei TikTok & Co. noch um den Spaß geht, einen Prominenten zu imitieren und ein paar Views zu generieren, kann dies gerade in der Politik auch zu Verwirrung und ungeahnten Folgen führen, wie die folgenden zwei Beispiele zeigen.

Ukraine Angriffskrieg: Selenskyj ruft zu Waffenstillstand auf

Zu Beginn des Krieges wurden Deepfakes intensiv zu Propagandazwecken genutzt und kursierten in den sozialen Medien. So gab es ein täuschend echtes Video, das den ukrainischen Präsidenten Wolodymyr Selenskyj beim Rücktritt zeigte und dazu aufrief, die Waffen niederzulegen. Das Video ging viral, hatte aber nicht die erhoffte Wirkung. Schließlich sind russische Trolle bekannt dafür, Propaganda und Fakes zu verbreiten.

Giffey „vs" Klitschko

Das erste Beispiel mit dem Selenskyj Deepfake sollte für Unruhe in den sozialen Medien und damit in der breiten Bevölkerung sorgen. Dass soziale Medien nicht immer als Quelle der Wahrheit genutzt werden sollten, hat nicht zuletzt Donald Trump gezeigt. Aber auch die Politik, die Millionen oder Milliarden für Berater und Co. ausgibt, scheint davor nicht gefeit zu sein. So kam es zu einer Videokonferenz zwischen der damaligen Berliner Bürgermeisterin Giffey und dem Bürgermeister von Kiew, Vitali Klitschko. Kurz gesagt: Es war gar nicht Vitali Klitschko, sondern ein Deepfake. Das Gespräch dauerte über 15 Minuten und nur die angesprochenen Themen sorgten für Misstrauen auf deutscher Seite.

Ob „lustige" Filter in sozialen Medien, die Verbreitung über verschiedene Kanäle oder die gezielte Ansprache von Politikern - die Deepfake-Technologie steckt noch in den Kinderschuhen und stellt bereits jetzt ein Beispiel für eine potenzielle Gefahr durch Künstliche Intelligenz dar.

Aktuelle Einsätze bekannter Unternehmen

Alphabet (Google) - Hier hilft Künstliche Intelligenz bei der Suche nach passenden Suchergebnissen, dynamischer Werbung, Vorschlägen, Bilderkennung (Google Lens) oder auch auf der Videoplattform YouTube. Jigsaw, X und Wing setzen KI bei Robotern und Drohnentechnologien ein, während Waymo sich mit Künstlicher Intelligenz für autonome Autos beschäftigt. Google Brain und Deepmind betreiben Grundlagenforschung, um die Produkte von Alphabet zu verbessern. Googles KI-Framework TensorFlow wird häufig zur Herstellung von Deepfakes verwendet.

Amazon - Der von Jeff Bezos geführte Internet-Händler setzt KI vor allem für Produktempfehlungen ein. Die Echo-Lautsprecher nutzen die KI-Assistentin Alexa. Das Unternehmen bietet eine Cloud-Computing-Plattform namens AWS (Amazon Web Services) an, die von Unternehmen wie der NASA, Siemens und Netflix genutzt wird. Rekognition ist ein umstrittenes KI-Programm zur Gesichtserkennung, das Amazon entwickelt hat.

IBM - Seit 1950 beschäftigt sich IBM, ein führendes Technologieunternehmen, mit Künstlicher Intelligenz. Im Jahr 1997 machte der Schachcomputer "Deep Blue" von IBM Schlagzeilen, als er den amtierenden Weltmeister Gary Kasparow besiegte. Gesprächsassistenten und KI-gestützte Technologien für das Gesundheitswesen und die finanzielle Sicherheit werden von der KI-Plattform Watson angeboten.

Microsoft - Das Unternehmen arbeitet in mehreren Bereichen der Künstlichen Intelligenz, auch wenn die ersten KI-Konversations- und Betriebssystem-Assistenten mit den Namen Bob, Clippy und Cortana nur begrenzt erfolgreich waren. Microsoft hat mit Azure eine Plattform für Cloud Computing geschaffen und bietet auch KI-Tools für die Sprach- und Bilderkennung an. Das Unternehmen stellt dem US-Militär Technologien für die Gesichtserkennung zur Verfügung. Im Jahr 2019 investierte Microsoft 1 Milliarde Dollar in das KI-Unternehmen OpenAI. Die Suchmaschine

Bing und das Windows-Betriebssystem werden ebenfalls die ChatGTP-Technologie nutzen. 2023 investiert Microsoft erneut zehn Milliarden in OpenAI.

Nvidia - Dieses Unternehmen stellt Grafikkarten für Cloud-Computing, selbstfahrende Autos sowie PC- und Spieleplattformen her. Im Mai 2020 stellte Nvidia, das vor allem an der Herstellung von KI-Chips beteiligt ist, die Ampere A100 GPU vor. In RTX-Grafikkarten kommen derzeit vor allem die Tensor Core-KI-Chips zum Einsatz. Die GeForce RTX 4090 ist derzeit die leistungsstärkste Grafikkarte, die für PCs erhältlich ist.

OpenAI - OpenAI wurde 2015 als Non-Profit-Organisation gegründet und hat 2019 das Unternehmen OpenAI LP mit dem Ziel gegründet, gewinnorientiert zu arbeiten und die KI-Forschung voranzutreiben. Microsoft und Amazon sind neben Elon Musk zwei Sponsoren der Gruppe. Derzeit sind ChatGTP, das mit der Sprach-KI GPT-3 integriert ist, und die Bild-KI DALL-E die bekanntesten Produkte. GPT-3 (Generative Pre-trained Transformer 3) ist das derzeit fortschrittlichste Sprachmodell von OpenAI, das auf einer Architektur von Transformer-Neural-Netzwerken basiert und über 175 Milliarden Parameter verfügt. 2023 wird ChatGPT eine neue Version (GPT-4) launchen, die eine weitaus größere Anzahl an Parametern liefert. Die damit verbundenen Möglichkeiten werden sicherlich grandios.

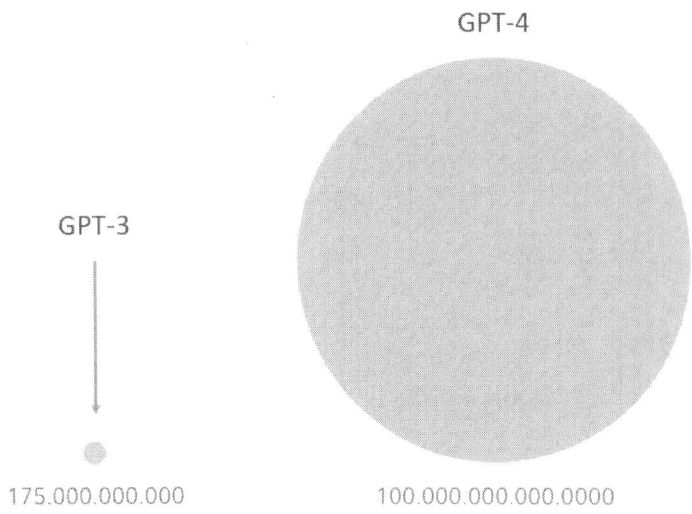

Abbildung 11 | Anzahl der Parameter GPT-3 & GPT-4

07 | KI & BLOCKCHAIN

Wir haben nun einen guten Einblick in die Welt der Künstlichen Intelligenz erhalten. Wie der Titel des Buches es bereits verspricht, werden jedoch zwei grundlegende distributive Technologien behandelt. Der kommende Abschnitt wirft einen Blick auf Blockchains. Deren Grundidee ist es, Daten dezentral und transparent zu speichern. Und wie wir gelernt haben, sind Daten die Grundlage für Künstliche Intelligenz. Es macht also durchaus Sinn, sich mit beiden Technologien auseinanderzusetzen und nach möglichen Synergien zu suchen.

Blockchain - Eine kurze Einführung

Eine Blockchain ist eine dezentrale Datenbank, die Informationen in einem Netzwerk von Computern speichert und verwaltet. Im Gegensatz zu einer zentralisierten Datenbank, bei der die Kontrolle über die Daten bei einer zentralen Autorität liegt, ermöglicht die Blockchain-Technologie eine verteilte Kontrolle über die Daten, wodurch ein höheres Maß an Sicherheit, Transparenz und Vertrauen gewährleistet wird. Die Blockchain-Technologie besteht aus einer Reihe von Blöcken, die jeweils eine bestimmte Menge an Daten enthalten und durch kryptografische Methoden miteinander verknüpft sind. Jeder Block enthält eine Prüfsumme des vorhergehenden Blocks, wodurch die Integrität der Daten innerhalb der Kette gewährleistet wird. Einmal in die Blockchain eingegebene Daten können nicht mehr gelöscht oder verändert werden, was eine unveränderliche und fälschungssichere Aufzeichnung aller

Transaktionen ermöglicht. Die Blockchain-Technologie hat Anwendungen in einer Vielzahl von Bereichen, darunter Finanzdienstleistungen, Versicherungen, Logistik, Gesundheitswesen und Regierungsdienstleistungen. Einige Unternehmen und Organisationen setzen bereits auf Blockchain-Technologie, um ihre Geschäftsprozesse zu optimieren und zu automatisieren, die Effizienz zu steigern und die Datensicherheit zu verbessern.

Smart Contract Grundlagen

Smart Contracts sind computerbasierte Protokolle, die die Bedingungen eines Vertrags automatisch ausführen können, sobald bestimmte Voraussetzungen erfüllt sind. Sie sind ein wichtiger Bestandteil der Blockchain und ermöglichen die automatische und sichere Abwicklung von Verträgen zwischen Parteien, ohne dass eine zentrale Autorität erforderlich ist. Ein Smart Contract besteht aus einem Code, der auf der Blockchain ausgeführt wird, und einer Reihe von Regeln und Bedingungen, die festlegen, wann dies geschieht. Beispiele für Smart Contracts sind die Abwicklung von Zahlungen zwischen Parteien, die automatische Abwicklung von Versicherungsansprüchen oder die Verwaltung von Vermögenswerten. Durch den Einsatz von Smart Contracts können Transaktionen schneller, effizienter und sicherer abgewickelt werden, da kein menschliches Eingreifen erforderlich ist und die Vertragsbedingungen automatisch erfüllt werden.

Exkurs: ERC-20 Standard

Der ERC-20-Standard ist ein technisches Framework, das für die Entwicklung von Token auf der Ethereum-Blockchain verwendet wird. ERC-20 steht für Ethereum Request for

Comment 20, was bedeutet, dass es der 20. Vorschlag im Ethereum-Entwicklerforum war.

Der ERC-20-Standard legt fest, wie Token auf der Ethereum-Blockchain fungieren und interagieren sollten. Es gibt verschiedene Aspekte des Standards, wie z.B. wie Token transferiert werden können, wie das Token-Gleichgewicht abgefragt werden kann und wie Transaktionen verarbeitet werden sollen.

Ein wichtiger Aspekt des ERC-20-Standards ist die Interoperabilität zwischen verschiedenen Token und Plattformen, was es einfach macht, Token zwischen verschiedenen Ethereum-basierten Anwendungen und Börsen zu bewegen. Da viele Token auf der Ethereum-Blockchain auf dem ERC-20-Standard basieren, ist die Kompatibilität zwischen verschiedenen Token erleichtert.

Insgesamt hat der ERC-20-Standard eine wichtige Rolle bei der Erleichterung der Entwicklung von Blockchain-basierten Projekten und Anwendungen gespielt und wird voraussichtlich auch in Zukunft eine wichtige Rolle spielen.

Der Zusammenhang zw. KI und Blockchain

Künstliche Intelligenz und Blockchain sind zwei unterschiedliche Technologien, die in verschiedenen Anwendungsbereichen eingesetzt werden. Künstliche Intelligenz bezieht sich auf die Fähigkeit von Maschinen, menschenähnliche Intelligenz zu entwickeln und selbstständig Aufgaben auszuführen, für die normalerweise menschliche Intelligenz erforderlich wäre. Blockchain hingegen ist eine verteilte Datenbanktechnologie, die eine sichere und transparente Speicherung und Übertragung von Informationen ermöglicht.

Trotz dieser Unterschiede gibt es einige Verbindungen zwischen KI und Blockchain. Zum Beispiel können KI-Algorithmen verwendet werden, um Daten auf der Blockchain zu analysieren und Muster zu erkennen. Dadurch können beispielsweise Betrug und Fälschungen aufgedeckt werden. Andererseits können Blockchain-Technologien dazu beitragen, die Transparenz und Sicherheit von KI-Anwendungen zu erhöhen, indem sie die Datensicherheit und den Datenschutz verbessern. Ein weiteres Beispiel für die Verbindung von KI und Blockchain ist der Einsatz von Smart Contracts. Dabei handelt es sich um selbstausführende Verträge, die auf der Blockchain ausgeführt werden und auf vordefinierten Bedingungen basieren. KI-Algorithmen können eingesetzt werden, um diese Bedingungen automatisch zu überwachen und datenbasierte Entscheidungen zu treffen. Dadurch können Prozesse effizienter gestaltet und Kosten eingespart werden.

Insgesamt bieten Künstliche Intelligenz und Blockchain eine Vielzahl von Möglichkeiten für innovative Anwendungen und Geschäftsmodelle. Durch die Kombination dieser Technologien können Unternehmen ihre Prozesse automatisieren, die Effizienz steigern und die Sicherheit und Transparenz erhöhen.

Synergieeffekte von KI & Blockchain

Die Kombination von Künstlicher Intelligenz (KI) und Blockchain-Technologie hat das Potenzial, in vielen Branchen und Bereichen bahnbrechende Veränderungen herbeizuführen. Eine solche Kombination kann dazu beitragen, einige der größten Herausforderungen der KI wie Datenschutz und Sicherheit zu bewältigen.

Durch den Einsatz von Blockchain kann die Sicherheit und Integrität von Daten und Algorithmen gewährleistet werden. Die dezentrale Natur von Blockchain-Netzwerken kann auch dazu beitragen, die Verbreitung von KI-Systemen zu fördern, indem sie die Möglichkeit bietet, Daten in Echtzeit und in verteilten Netzwerken zu analysieren und zu verarbeiten.

Die Kombination von KI und Blockchain kann auch dazu beitragen, die Transparenz und Nachvollziehbarkeit von Entscheidungen und Prozessen in verschiedenen Branchen und Anwendungsfällen zu verbessern. Beispielsweise könnten KI-gestützte Systeme in der Lieferkette eingesetzt werden, um Produkte von der Herstellung bis zum Verkauf zu verfolgen und zu überwachen.

Darüber hinaus könnte die Kombination von KI und Blockchain dazu beitragen, die Automatisierung von Prozessen zu beschleunigen und zu verbessern, indem die Fähigkeit von KI-Systemen zur autonomen Entscheidungsfindung und -ausführung mit der sicheren und transparenten Natur von Blockchain-Netzwerken kombiniert wird.

Insgesamt bietet die Kombination von KI und Blockchain ein enormes Potenzial für die Schaffung neuer Anwendungsfälle und die Verbesserung bestehender Systeme und Prozesse. Auch wenn noch einige Herausforderungen zu bewältigen sind, um dieses Potenzial voll auszuschöpfen, ist klar, dass diese Kombination eine wichtige Rolle bei der Gestaltung der Zukunft von Technologie und Innovation spielen wird.

Anwendungsbeispiele von KI und Blockchain

Die Kombination von Künstlicher Intelligenz und Blockchain-Technologie hat das Potenzial, zahlreiche Anwendungsbereiche zu revolutionieren. Beispielsweise kann KI dazu beitragen, die Blockchain-Technologie effizienter und sicherer zu machen, indem sie automatisierte Überwachungs- und Sicherheitsmechanismen bereitstellt. Andererseits kann die Blockchain-Technologie dazu beitragen, KI-Systeme transparenter und vertrauenswürdiger zu machen, indem sie eine unveränderliche Aufzeichnung aller Transaktionen und Entscheidungen bereitstellt. Anwendungsbeispiele umfassen den Einsatz von KI und Blockchain im Finanzsektor, im Gesundheitswesen, in der Logistik und im Energiesektor, um nur einige zu nennen.

Supply Chain Management - Die Verwendung von Blockchain und KI kann dazu beitragen, die Transparenz und Effizienz in der Lieferkette zu verbessern. Durch die Verfolgung von Produkten und Rohstoffen können Unternehmen die Echtheit, Qualität und Herkunft sicherstellen und sicherstellen, dass sie ethischen und nachhaltigen Standards entsprechen.

Identitätsmanagement - KI und Blockchain können auch dazu beitragen, Identitätsmanagement sicherer und zuverlässiger zu machen. Durch die Verwendung von dezentralisierten Identitätslösungen können Benutzer ihre Identität sicher und verschlüsselt speichern und ihre Daten kontrollieren. KI kann auch zur Überprüfung von Identitäten und zur Verhinderung von Identitätsbetrug eingesetzt werden.

Cybersecurity - Blockchain-Technologie kann genutzt werden, um die Sicherheit von Daten zu erhöhen. KI kann dann genutzt werden, um Angriffe frühzeitig zu erkennen und zu verhindern.

Gesundheitswesen - In der Gesundheitsbranche können KI und Blockchain zur Verbesserung von Diagnose- und Behandlungsmöglichkeiten eingesetzt werden. KI kann zur Analyse von medizinischen Daten und zur Erkennung von Mustern und Zusammenhängen eingesetzt werden, während Blockchain dazu beitragen kann, die Daten sicher und verschlüsselt zu speichern und die Zugriffsrechte zu kontrollieren.

Finanzwesen - KI und Blockchain können auch dazu beitragen, die Effizienz und Sicherheit in der Finanzbranche zu verbessern. Durch die Verwendung von Smart Contracts können Transaktionen automatisiert und abgesichert werden, während KI zur Analyse von Daten und zur Vorhersage von Markttrends und Risiken eingesetzt werden kann.

Energieversorgung - In der Energiebranche können KI und Blockchain zur Verbesserung der Effizienz und zur Förderung der Nutzung erneuerbarer Energien eingesetzt werden. Durch die Verwendung von Smart Grids und dezentralen Energieplattformen können Energieflüsse und -speicherung optimiert werden, während KI zur Analyse von Energieverbrauchsdaten und zur Vorhersage von Bedarf und Angebot eingesetzt werden kann.

Insgesamt bietet die Kombination von KI und Blockchain-Technologie ein großes Potenzial für mehr Sicherheit, Transparenz und Effizienz in verschiedenen Branchen.

Trends von KI und Blockchain

Es gibt mehrere Trends in der Entwicklung von Künstlicher Intelligenz und Blockchain-Technologie, die auf zukünftige Entwicklungen und Anwendungen in diesen Bereichen hindeuten. Hier sind einige wichtige Trends:

Interoperabilität - Es wird erwartet, dass in Zukunft mehrere Blockchains miteinander interagieren werden, um eine nahtlose Übertragung von Daten und Werten zu ermöglichen. Die Entwicklung von Standards und Protokollen für Interoperabilität wird von großer Bedeutung sein.

Skalierbarkeit - Sowohl KI- als auch Blockchain-Systeme müssen in der Lage sein, große Datenmengen effizient zu verarbeiten. Die Entwicklung von Technologien zur Skalierung von Systemen wird daher von zentraler Bedeutung sein.

Datenschutz und Sicherheit - Angesichts der zunehmenden Nutzung von KI- und Blockchain-Systemen müssen Maßnahmen ergriffen werden, um Datenschutz und Sicherheit zu gewährleisten. Blockchain-Technologie bietet hier vielversprechende Lösungsansätze, z.B. durch die Verwendung von kryptographischen Algorithmen zur Verschlüsselung von Daten.

Verbreitung von dezentralisierten KI-Anwendungen - Es wird erwartet, dass KI-Anwendungen zunehmend dezentralisiert werden und von mehreren Benutzern gemeinsam genutzt werden. Die Verwendung von Blockchain-Technologie kann dazu beitragen, eine solche gemeinsame Nutzung zu ermöglichen und den Zugang zu KI-Anwendungen zu erleichtern.

Automatisierung und Autonomie - Die Kombination von KI und Blockchain-Technologie kann dazu beitragen, autonome Systeme zu schaffen, die ohne menschliche Intervention arbeiten können. Die Entwicklung von Technologien zur automatischen Verwaltung von Ressourcen und Prozessen wird daher von großer Bedeutung sein.

KI-Blockchain-basierte Wirtschaftssysteme - Die Integration von KI und Blockchain-Technologie kann die Entwicklung neuer Wirtschaftssysteme und Geschäftsmodelle ermöglichen, die auf der Nutzung von Daten und KI-Algorithmen basieren.

Diese Trends werden voraussichtlich die Entwicklung von KI und Blockchain-Technologie in den kommenden Jahren prägen und dazu beitragen, innovative Anwendungen und Lösungen hervorzubringen.

Potentiale und Herausforderungen

Die Kombination von Künstlicher Intelligenz und Blockchain hat das Potenzial, in vielen Bereichen bahnbrechende Fortschritte zu erzielen, insbesondere in Bezug auf Transparenz, Sicherheit und Automatisierung. Zu den potenziellen Anwendungen gehören autonome Systeme, die intelligente Entscheidungen treffen und Transaktionen auf der Blockchain durchführen können, sowie die Nutzung von KI zur Verbesserung von Blockchain-basierten Identitätslösungen und zur Überwachung der Netzwerksicherheit. Es gibt jedoch auch Herausforderungen bei der Entwicklung von KI-basierten Blockchain-Systemen. Eine der größten Herausforderungen besteht darin, sicherzustellen, dass KI-Modelle fair und nicht diskriminierend sind, insbesondere wenn sie Entscheidungen treffen, die sich auf Menschen auswirken können. Ein weiteres Problem ist die Notwendigkeit, die Leistung von KI-Modellen auf der Blockchain zu optimieren, da die Skalierung von KI-Systemen auf der Blockchain schwierig sein kann. Weitere Herausforderungen sind die Entwicklung von Standards und Best Practices für die Integration von KI und Blockchain, die Integration von KI in bestehende Blockchain-Netzwerke sowie die Gewährleistung von Datensicherheit und Datenschutz bei der Nutzung von KI-Modellen auf der Blockchain.

Insgesamt gibt es viele Potenziale für die Kombination von KI und Blockchain, aber auch Herausforderungen, die bewältigt werden müssen, um das volle Potenzial dieser Technologien auszuschöpfen. Die Zusammenarbeit von verschiedenen Akteuren aus verschiedenen Branchen und Disziplinen wird hierfür entscheidend sein.

08 | BLOCKCHAIN PROJEKTE

Die Blockchain-Technologie, die für eine dezentrale Datenhaltung und sichere Transaktionen steht, liefert damit perfekte Grundlagen für Anwendungen der Künstlichen Intelligenz. Ohne Daten bzw. eine riesige Menge an Daten kann KI nicht funktionieren. Daher werden im Folgenden nicht nur reine KI-Projekte, sondern auch Big Data-Projekte vorgestellt. Der Unterschied zwischen KI und Big Data besteht darin, dass KI die Fähigkeit von Computern beschreibt, Entscheidungen und Vorhersagen auf der Basis von Daten zu treffen, während Big Data die große Menge an Daten beschreibt, die für diese Entscheidungen und Vorhersagen benötigt wird.

Künstliche Intelligenz benötigt also Big Data, um zu funktionieren, da sie auf großen Datenmengen trainiert werden muss, um Muster zu erkennen und Vorhersagen zu treffen. Ohne die Fähigkeit, große Datenmengen zu verarbeiten und zu analysieren, wäre Künstliche Intelligenz nicht in der Lage, Entscheidungen zu treffen oder Vorhersagen zu treffen.

Kommen wir nun zu den vorgestellten Blockchain-Projekten. Es gibt eine Vielzahl von Projekten, die leider nicht alle erwähnt werden können. Da es sich bei Blockchain und KI um noch relativ neue Technologien handelt, gibt es auch viel Scam, vor allem bei den kleineren und neueren Projekten. Aus diesem Grund wurden Projekte mit einer Marktkapitalisierung von weniger als 50 Millionen Dollar nicht berücksichtigt. Dies verhindert zwar keinen Scam, aber gerade neue und kleine Projekte sind häufiger anfällig für Scam. Jedes Projekt wird mit Projektname, Token, offizieller Webseite, aktuellem Rank und Marktkapitalisierung vorgestellt. Wer bei spannenden Projekten noch mehr ins Detail gehen möchte, kann jederzeit das Whitepaper auf der offiziellen Website lesen. Das Whitepaper ist ein Dokument, das von den Gründern eines Blockchain-Projekts erstellt wird, um ihre Ideen und Ziele vorzustellen. Es enthält eine detaillierte Beschreibung der Technologie, die das Projekt unterstützt, sowie ihrer Funktionen und Anwendungen. Es sollte selbstverständlich sein, aber ich möchte es trotzdem erwähnen: Rank und Marktkapitalisierung sind dynamische Werte, die sich stündlich ändern können. Sie werden vor der Veröffentlichung aktualisiert. Sie geben dann aber nur eine Momentaufnahme wieder.

Die Projekte wurden so dargestellt, dass keine tieferen Kenntnisse der Blockchain- oder Distributed-Ledger-Technologie erforderlich sind. Wer allerdings sein Wissen in diesem Bereich schärfen möchte, dem kann ich an dieser Stelle auf mein erstes Buch verweisen. Dieses sollte alle Blockchain relevanten Grundlagen schaffen (Details am Ende des Buches).

Nun viel Spaß mit den KI und Big Data Blockchain-Projekten.

THE GRAPH

Projektname: The Graph

Token: GRT

Website: https://www.thegraph.com

Rank: 42

Marktkapitalisierung: 1,3 Mrd. US-Dollar

The Graph ist ein quelloffenes DLT-Protokoll (Distributed Ledger Technology), das mit dem Ziel entwickelt wurde, Blockchain-Daten ohne die Hilfe von Dritten zu sammeln. Die Programmiersprache GraphQL wird verwendet, um Daten zu verarbeiten, die leicht zugänglich sind und mit Hilfe des Protokolls indiziert, organisiert und abgefragt werden.

Mit der Einführung vom The Graph Mainnet hat das Team den Weg für die vollständige Dezentralisierung von Anwendungen geebnet und ein Netzwerk von Dienstanbietern geschaffen, in dem dezentrale Anwendungen in jeder Situation ausgeführt werden können und in dem Blockchain-Daten frei zugänglich sind. Während das The Graph Mainnet inzwischen Hunderte von dApps beherbergt, können dank offener und öffentlicher APIs, die Subgraphen genannt werden, Tausende weitere auf dem Netzwerk laufen. Das Graph-Mainnet wird durch das Netzwerk gesteuert, das von den Nodes abhängig ist. Das Netzwerk bietet die ideale Umgebung für dApps und Entwickler, während Indexer, Kuratoren und Delegatoren durch die Verwendung von GRT-Tokens am Markt teilnehmen können. Die eigene Kryptowährung des Graph-Netzwerks, GRT, wird für die Verteilung verschiedener Ressourcen innerhalb des Ökosystems verwendet.

Das Graph-Protokoll wird auch in der größeren Kryptowirtschaft immer wichtiger, da DeFi (dezentrales Finanzwesen) immer mehr an Popularität gewinnt. Mit Hilfe des Graph-Protokolls können Programmierer und andere Netzwerknutzer Subgraphen für eine Vielzahl von dApps erstellen und diese für Datenabfragen, Indizierung und Sammlung nutzen. Der gehostete Dienst von Graph hat allein im April 2021 20 Milliarden Anfragen verarbeitet.

Der Graph Node, der die Blockchain-Datenbank scannt, die von den Netzwerkteilnehmern zum Ordnen von Daten verwendet wird, dient als Backbone des Netzwerks. GRT-Token können von Entwicklern und anderen Netzwerknutzern verwendet werden, um für die Nutzung und Entwicklung von Subgraphen zu bezahlen. Entwickler können die Struktur der Daten im Hinblick darauf spezifizieren, wie dApps sie nutzen sollen, indem sie die Daten indizieren. Verbraucher können in GRT für die Nutzung von Netzwerkdiensten bezahlen, dank des dezentralen Marktes für Abfragen, die Indexierer erstellen.

Das Netzwerk ist so aufgebaut, dass Delegatoren, Indexierer und Kuratoren es unterstützen können, indem sie Verbrauchern Kuratierungs- und Indexierungsdienste im Austausch für GRT-Token anbieten. Auf diese Weise werden die Marktteilnehmer motiviert, die APIs kontinuierlich zu verbessern und genaue Daten zu liefern.

Kunden, die Teilgraphen abfragen, können Netzwerk-mitglieder mit GRT-Tokens bezahlen, indem sie ein Gateway auf dem The Graph Network nutzen. Indexer sind Knotenbetreiber in der Hierarchie von The Graph Network, die GRT-Token einsetzen, um die Indexierung und Abfrage zu ermöglichen. Mithilfe von GraphQL können Netzwerkbenutzer Anwendungen auf Netzwerken wie Ethereum, IPFS und PoA erstellen und nutzen, und in Zukunft sollen weitere Netzwerke verfügbar sein.

Der Graph hat einen besonderen Nutzen als erster dezentraler Markt zur Abfrage und Indexierung von Daten für dApps. Dies macht es zu einer faszinierenden Initiative in der Welt der Blockchain und Kryptowährungen, was sich auch im Wert von The Graph widerspiegeln könnte.

Die Einzigartigkeit des Projekts ergibt sich auch aus seinem Ziel, den Nutzern des The Graph-Netzwerks einen bequemen Zugang zu Daten zu ermöglichen. Das Protokoll wird mit Hilfe der Netzwerknutzer verwaltet, und Indexer fungieren als Knotenbetreiber, um einen speziellen Markt für die Indizierung und Suche von Daten aus verschiedenen

Blockchain-Quellen in Form von Netzwerken wie Ethereum aufzubauen.

The Graph ist der erste dezentralisierte Marktplatz, der die Herausforderungen bei der Entwicklung von dApps in Bezug auf die Überwindung von proprietären Problemen und Indexierungsproblemen angeht.

Da GRT-Token auf dem Kryptowährungsmarkt getauscht werden, hat The Graph sowohl einen technischen als auch einen Marktwert. Der Wert von The Graph und die Kosten von GRT werden durch eine breite Palette von besonderen Elementen bestimmt. Die Blockchain-Architektur von The Graph ist ein Merkmal, das ihn wertvoll macht. Der Marktwert von The Graph wird von Elementen wie dem Gesamtangebot, dem zirkulierenden Angebot, dem Projektplan, den technischen Merkmalen, der weit verbreiteten Nutzung, den Regeln, der Annahme, den Aktualisierungen, den Upgrades und anderen wichtigen Ereignissen bestimmt.

Was The Graph den Nutzern und der Wirtschaft insgesamt zu bieten hat, in diesem Fall die leicht zugängliche Kuration, Indexierung und Strukturierung von Daten aus anderen Netzen, macht den Wert des Projekts aus und schafft eine Grundlage für Künstliche Intelligenz. Diese kann diese offen zugänglichen Daten konsumieren.

Mit der Einführung des Hauptnetzes im Jahr 2020 stieg auch der Wert von The Graph, da das Projekt seinem Endziel der vollständigen Dezentralisierung von dApps als Portal zum Web 3 näher kam.

Bei der Eröffnung von The Graph waren insgesamt 10 Milliarden GRT verfügbar, wobei weitere Token als Indexierungsanreize verteilt werden. Die künftige technologische Steuerung wird sich auf die jährliche GRT-Ausgaberate auswirken, die zu Beginn bei 3 % lag. The Graph verbrennt 1 % aller Protokollabfragekosten zusätzlich zu der von den Kuratoren gezahlten Entnahmesteuer, die ebenfalls der zukünftigen technischen Steuerung unterliegt. Dies bedeutet, dass die Anzahl der von The Graph bearbeiteten

Abfragen bestimmen wird, ob GRT in Zukunft ein deflationäres oder ein inflationäres Gut sein wird.

The Graph ist ein bahnbrechendes Projekt, das einen brandneuen, dezentralen Markt für Daten schafft, die leicht zugänglich sind und von Netzwerken bezogen werden, die von The Graph unterstützt werden. Die Entwickler von The Graph wollen das Web 3 weithin verfügbar machen und gleichzeitig ein hochmodernes Ökosystem mit DLT-Architektur aufbauen, das es dApps ermöglicht, kontinuierlich zu laufen.

SINGULARITYNET

Projektname: SingularityNET

Token: AGIX

Website: https://www.singularitynet.io

Rank: 80

Marktkapitalisierung: 580 Mio. US-Dollar

SingularityNET ist eine auf KI fokussierte Initiative mit dem langfristigen Ziel, künstliche allgemeine Intelligenz (KI) zu öffnen. Sie will die Blockchain-Technologie nutzen, um einen dezentralisierten KI-Markt zu schaffen. Dabei handelt es sich um eine erweiterte Version der heutigen begrenzten KI, die nur ein bestimmtes Problem lösen kann. Details dazu wurden in Kapitel 03 (Stufen der KI) erläutert.

Dr. David Hanson, CEO von Hanson Robotics, und Dr. Ben Goertzel, leitender Wissenschaftler und Visionär, gründeten SingularityNET im Jahr 2017. Durch die Verbesserung der Netzwerk-Interoperabilität will SingularityNET eine kommerzielle Startrampe für KI-basierte verteilte Anwendungen (dApps) bieten.

Ein ehrgeiziges Team bei SingularityNET entwickelt eine KI-basierte Open-Source-Infrastruktur, die es Entwicklern ermöglicht, KI-Produkte direkt für Endnutzer zu erstellen, ohne auf Zwischenhändler zurückgreifen zu müssen. Ziel ist es, Verbrauchern und Entwicklern eine dezentrale Wahlmöglichkeit zu geben, um die Vorteile und Belohnungen der sich selbst verbessernden KI zu teilen.

Die SingularityNET Foundation ist für die Entwicklung des Ökosystems verantwortlich. Sie fördert ein Ökosystem von KI-Spin-offs, die in den Bereichen DeFi, Robotik, Spiele, Unterhaltung und Biotechnologie tätig sind, indem sie ihnen Finanzmittel und Coaching zur Verfügung stellt, damit sie ihre AGI-Ideen vorantreiben und die AGIX-Währung nutzen können. Die Stiftung ist eine dezentralisierte, autonome Organisation (DAO), die jedoch anfangs von den Projektmitarbeitern beaufsichtigt wird. Die Pläne sehen vor, dass das Netzwerk schließlich zu einer vollständig autonomen DAO wird.

Die langfristige Vision von SingularityNET ist es, ein skalierbares und nützliches System zu schaffen, das weniger abhängig von seiner derzeitigen Host-Blockchain Ethereum ist.

Um eine schnelle und einfache Integration von KI-Diensten wie dem Daemon und dem SDK zu ermöglichen, hat SingularityNET Tools entwickelt, die vom Blockchain-Design abstrahieren. Der Daemon, ein vielseitiges Instrument, das die Skalierung der Plattform unterstützt, ist das wichtigste Tool. Um die Zeit der Entwickler für KI-bezogene Aufgaben freizugeben, ist Daemon ein Sidecar-Proxy-Tool, das mit Ethereum-Smart Contracts, Zahlungen und vielen anderen Blockchain-bezogenen Aufgaben interagiert.

Zwei Smart Contracts, die für das Funktionieren von SingularityNET entscheidend sind, werden auf Ethereum gehostet. Das eine ist die Registry, eine dezentrale, ERC-165-konforme Datenbank, in der sich Anbieter von KI-Dienstleistungen registrieren und wichtige Informationen über ihre Waren bereitstellen, z. B. die Preise und die

Standorte der Endpunkte, an denen Kunden sie bezüglich ihrer Dienstleistung kontaktieren können. Das zweite ist ein Zahlungssystem namens Multi-Party Escrow, das Smart Contracts verwendet, um Benutzersignaturen zu verifizieren und sicherzustellen, dass genügend Geldmittel für den Abschluss der Transaktion vorhanden sind. Der Daemon wandelt die Zahlungsanforderungen in eine KI-lesbare Datei um, nachdem sie bearbeitet wurden.

Der Übergang von SingularityNET zu Phase zwei der Initiative, die den Wechsel von Ethereum zu Cardano und den Aufbau von Layer-2-Netzwerken umfasst, hat ebenfalls begonnen. Dank der Layer-2-Netzwerke können über Ethereum Tools entwickelt werden, die niedrigere Transaktionsgebühren verwenden.

Die folgenden KI-Dienste werden von SingularityNET als Blockchain-basierte KI-Plattform angeboten:

AI Marketplace

Eine dApp namens AI-Marketplace ermöglicht es Entwicklern, ihre KI-Produkte, wie z.B. Textgenerierung und

Genannotation, zu bewerben. Nutzer können diese Dienste über eine bereitgestellte Schnittstelle in Anspruch nehmen. Die Plattform beseitigt die Schwierigkeiten bei der Arbeit mit KI und ist einfach zu bedienen. Um die Multi-Party-Escrow-Funktion der Plattform für Zahlungen auf dem Marktplatz nutzen zu können, müssen Sie über eine MetaMask-Brieftasche oder eine allgemeine Brieftasche (PayPal) verfügen.

AI Publisher

Entwickler können ihre KI-Dienste einfach auf dem als AI Publisher bekannten Portal veröffentlichen und verwalten. Es müssen lediglich einfache Formulare ausgefüllt werden, in denen nach grundlegenden Informationen über den angebotenen Dienst gefragt wird. Publisher auf dem Portal haben Zugang zu modernsten KI-Anwendungen, Beta-Test-Ressourcen und Analysen zur KI-Nutzung.

AGIX Staking

Besitzer von AGIX-Token können ihre Token auf dem Staking-Portal von SingularityNET sperren, um Belohnungen zu erhalten. Inhaber, die AGIX einsetzen, tragen zur Sicherheit der KI-Marktplatzaktivitäten der Plattform bei. Nach 30 Tagen können die AGIX-Token gegen die verdienten Belohnungen eingelöst werden, und diejenigen, die ihre Einsätze fortsetzen möchten, können ihre Token in die nächste Einsatzperiode übertragen.

AGIX-Token

Der primäre Utility-Token für die SingularityNET-Plattform ist der AGIX-Token. Er wurde nach dem Hard Split des AGI-Tokens entwickelt, der Cardano Cross-Chain-Kompatibilität ermöglichte. Er wurde entwickelt, um die wesentlichen Funktionen von SingularityNET zu ermöglichen, zu denen gehören:

Transaktionen (Transaction) - Ermöglicht die Kommunikation zwischen KI-Agenten und anderen Netzen.

Abrechnungen (Settlement) - Es erleichtert den Nutzern die Bezahlung von KI-Diensten auf dem KI-Marktplatz.

Belohnungen (Incentives) - Belohnungen für AGIX-Token-Besitzer für den Einsatz ihrer Token zum Schutz des Netzwerks.

Verwaltung (Governance) - Die Stimmabgabe der Token-Inhaber ermöglicht eine demokratische Finanzierung der Netzwerkaktivitäten, die durch den Token ermöglicht wird.

FETCH.AI

Projektname: Fetch.ai

Token: FET

Website: https://fetch.ai

Rank: 118

Marktkapitalisierung: 320 Mio. US-Dollar

Die Technologiebranche entwickelt sich ständig weiter und bringt neue Technologien hervor. Blockchain ist eine dieser neuen Technologien, die schnelle, private, transparente und nachverfolgbare Peer-to-Peer-Transaktionen im Internet ermöglicht.

Künstliche Intelligenz ist eine weitere innovative Technologie, die die Welt, wie wir sie kennen, ständig verändert. KI ermöglicht Multitasking, reduziert menschliche Fehler, erhöht die Produktivität und viele andere Vorteile, indem sie die menschliche Problemlösungsintelligenz simuliert.

Fetch.ai ist ein Netzwerk, das sich zum Ziel gesetzt hat, diese beiden bahnbrechenden Technologien zu integrieren, um ein hocheffizientes, dezentralisiertes und autonomes Wirtschaftssystem auf der ganzen Welt zu schaffen. Es nutzt KI, um ein dezentrales maschinelles Lernsystem aufzubauen, das Operationen auf der Blockchain durchführen kann. Fetch.ai ist im Wesentlichen ein Blockchain-basiertes KI-Netzwerk.

Als Interchain-Protokoll bietet Fetch.ai eine kostenlose, offene und dezentrale Grundlage für die Implementierung von automatisierten Peer-to-Peer-Anwendungen, ohne dass ein menschliches Eingreifen erforderlich ist. Fetch.ai, das im Februar 2019 durch ein Initial Exchange Offering (IEO) auf dem Binance Launchpad eingeführt wurde, zielt darauf ab, Geräte autonom zu verbinden und eine Plattform für den Betrieb von Internet-of-Things-Diensten bereitzustellen, indem der Datenaustausch erleichtert wird. Durch die Integration von Spitzentechnologien wie Directed Acyclic Graph (DAG) und Smart Contracts will Fetch.ai einer Vielzahl von Nutzern, darunter Entwicklern, Finanzdienstleistern und vielen anderen Wirtschaftsakteuren, einen Mehrwert bieten.

Der FET-Token, ein ERC-20-Token und die native Kryptowährung des Netzwerks, treibt das Fetch.ai-Ökosystem an. Fetch.ai integriert eine 3-Säulen-Struktur, die aus autonomen Wirtschaftsagenten, einem offenen Wirtschaftsrahmen und Smart Ledgern besteht, da es sich um ein Multi-Utility-Netzwerk handelt.

Das Fetch.ai-Ökosystem nutzt das Prinzip Multi-Agent Systems (MAS), das es Agenten ermöglicht, trotz ihrer Heterogenität zu kooperieren. Ein Agent ist eine Programmkomponente, die als Repräsentant einer Entität agiert und aufgrund ihrer Autonomie in der Lage ist, kontinuierlich und selbstständig im Namen des Eigentümers zu handeln.

Entwickler können Agenten für eine Vielzahl von Anwendungen erstellen, trainieren und einsetzen, indem sie die effektiven Tools und Ressourcen nutzen, die von Fetch.ai angeboten werden. Trotz ihres Eigeninteresses sind die Agenten in der Lage, miteinander zu koexistieren und zusammenzuarbeiten, ähnlich wie Menschen es können.

Agenten unterscheiden sich von anderen Protokollen wie intelligenten Verträgen dadurch, dass sie auf Umweltveränderungen reagieren und vorbeugende Maßnahmen ergreifen können, um ihre Ziele zu erreichen. Da jeder Agent über einzigartige Fähigkeiten verfügt, können sie interagieren und die ihnen zugänglichen Ressourcen nutzen, um die Ziele ihres Besitzers zu erreichen. Folglich bietet Fetch.ai die Instrumente und Technologien, die Branchen wie die dezentrale Finanzwirtschaft (DeFi) benötigen.

Autonomous Economic Agents (AEAs)

Autonome Wirtschaftsagenten (AEAs) sind essentiell für den KI-basierten Betrieb von Fetch.ai. Ein AEA ist ein freier Agent, der eine Person, ein Unternehmen oder eine andere Einheit mit dem Hauptziel der Maximierung des finanziellen Gewinns für den Eigentümer vertritt. Mit dem agentenbasierten Modell des AEA-Frameworks werden Probleme der realen Welt angegangen. Zu den kurzfristigen Anwendungen von AEAs gehören die Beseitigung sich wiederholender

Verfahren, die Erleichterung von Mikrotransaktionen und sogar die Vereinfachung der Interaktion mit Web3-Geldbörsen. Aber um ihre Aufgaben effektiv zu erfüllen und ihre wirtschaftlichen Ziele zu erreichen, brauchen die AEAs Unterstützung. Das Open Economic Framework und ein Smart Ledger können dabei helfen.

Open Economic Framework (OEF)

Das Open Economic Framework (OEF) umfasst Marktprozesse, Protokolle und Sprachen, die es den Akteuren erleichtern, zu kommunizieren und Informationen auszutauschen. Einfach gesagt, bietet OEF eine virtuelle Umgebung, die dezentralisiert ist und APIs für AEAs unterstützt.

Smart Ledger

Der Fetch Smart Ledger, das Hauptnetz von Fetch.ai, ist eine neue Form eines Smart Contract-fähigen Ledgers, der aus Blockchain-Elementen von Distributed Ledger Technologies (DLTs) besteht. Es verfügt über eine integrierte Künstliche Intelligenz (KI), die auf notarieller DAG-Technologie basiert,

Millionen von Wirtschaftsakteuren unterstützt und jede Blockchain-Transaktion aufzeichnet. Mit einem Sharded-Ledger-Design, das die parallele Durchführung von kettenübergreifenden Transaktionen über Ressourcen-Lanes ermöglicht, werden alle Datentransaktionen optimiert, um schneller und kostengünstiger zu sein. FET-Inhaber können sich als Validierer und Knotenbetreiber an der Netzwerksicherheit des Testnetzes beteiligen.

FET Token

Der multifunktionale native Token FET wird von Fetch.ai als primäre Form des Austauschs auf der Plattform verwendet. FET wird verwendet, um für die Transaktionskosten des Netzwerks, die Nutzung von KI-Agenten und Fetch.ai-Dienste zu bezahlen. Der Proof of Stake (PoS) Mechanismus auf dem Fetch.ai Ledger ermöglicht es Nutzern, FET zu setzen, um an der Sicherheit des Ökosystems teilzunehmen und Anreize zu erhalten.

Die Entwickler von Fetch.ai hatten das Ziel, ein Mainnet zu bauen, das die Skalierbarkeit bietet, die Fetch.ai-Apps benötigen, auch wenn sie zunächst als ERC-20-Token im Ethereum-Netzwerk veröffentlicht wurden. Am 31. März 2021 wurde das Fetch.ai Mainnet daher offiziell gestartet.

Nutzer können nun die nativen Token verwenden, um Dienstleistungen von Fetch.ai zu erwerben, während die ERC-20-Token dank der Einrichtung des Fetch-Netzwerks weiterhin verwendet werden.

OASIS NETWORK

Projektname: Oasis Network

Token: ROSE

Website: https://oasisprotocol.org

Rank: 108

Marktkapitalisierung: 338 Mio. US-Dollar

Das Oasis-Netzwerk ist ein Proof-of-Stake (PoS) Blockchain-Netzwerk, das darauf abzielt, Daten verantwortungsvoll und als Instrument für eine offene Finanzwirtschaft zu nutzen und gleichzeitig die Privatsphäre der Nutzer zu schützen. Wie Ethereum oder Bitcoin ist Oasis eine von Grund auf neu entwickelte Basis-Blockchain, die Datenvertraulichkeit und einen erhöhten Durchsatz von bis zu 1.000 Transaktionen pro Sekunde (TPS) bietet. Eines der größten Hindernisse für die Akzeptanz der Technologie ist zweifellos der Mangel an Privatsphäre auf der Blockchain. Als datenschutzfreundliches Blockchain-Protokoll, das eine dezentrale Datenwirtschaft und ein offenes Finanzsystem ermöglicht, zielt Oasis Network darauf ab, diese Lücke zu schließen.

Es eignet sich perfekt für den Betrieb privater, skalierbarer dezentraler Finanzanwendungen (DeFI) und die Ausweitung des offenen Finanzwesens über Krypto-Händler und frühe Nutzer hinaus, da es seine besonderen Datenschutzfunktionen mit hohem Durchsatz und sicherem Design kombiniert.

Vertraulichkeit und Skalierbarkeit

Da Oasis Network eine durchgängige Vertraulichkeit der Daten bietet, kann es zur Erstellung privater Smart Contracts verwendet werden, die den Datenschutz während der Verarbeitung wahren können. Dank der hohen Skalierbarkeit des Netzwerks können die Probleme anderer Netzwerke mit langsamen Transaktionszeiten und hohen Transaktionsgebühren leicht überwunden werden.

Es wird erwartet, dass die Entwicklung skalierbarer, privater dezentraler Apps (DApps) durch Oasis Network den Datenschutz und neuartige Anwendungsfälle in der privaten DeFi unterstützen wird, was dazu beitragen könnte, DeFi und seine Produkte einem breiteren Publikum zugänglich zu machen.

Das Oasis Network wird in erster Linie von Oasis Labs entwickelt. Professor Dawn Song von der University of California, Berkeley's School of Electrical Engineering and Computer Science gründete die Gruppe im Jahr 2018. Das Oasis-Team setzt sich aus Talenten der Welt zusammen, mit Erfahrungen von Google, Apple, Amazon, Carnegie Mellon, Harvard, Stanford und mehr. Sie alle widmen sich dem Wachstum und der Verbesserung der Wirkung von Oasis Network.

Der von Oasis Network verwendete PoS-Konsensalgorithmus verwendet zufällige Validierungsknoten, die native Token, in diesem Fall ROSE, im Austausch für das Recht, neue Blöcke zu verifizieren und Belohnungen zu erhalten, einsetzen. Durch die Aufteilung der Konsens- und Rechenprozesse in die so genannte Konsens- und die ParaTime-Schicht ist Oasis Network in der Lage zu skalieren:

Consensus Layer - Dieser beherbergt eine hochsichere Konsensmethode, die von Validierungsknoten betrieben wird. Blöcke werden dort verifiziert und in die Blockchain aufgenommen.

ParaTime Layer - Laufzeitumgebungen, sogenannte ParaTimes, simulieren Berechnungen in einem gemeinsamen Zustand. Jeder kann seine eigene ParaTime erstellen und sie verbessern. Jede ParaTime kann unabhängig erstellt werden, um die Anforderungen einer bestimmten Anwendung zu erfüllen.

Durch die Verwendung von zwei Schichten zur Trennung von Konsens und Ausführung, so dass das Netz zahlreiche Transaktionen gleichzeitig verarbeiten kann. Auf diese Weise wird die Transaktionsverarbeitung in einer ParaTime nicht durch ressourcenintensive Berechnungen in einer anderen verlangsamt.

Verbesserter Datenschutz und Vertraulichkeit der Benutzer

Darüber hinaus ermöglicht Oasis private ParaTimes, die für die Erstellung privater Smart Contracts verwendet werden können. Die Knoten müssen eine vertrauenswürdige Ausführungsumgebung (Trusted Execution Environment, TEE) verwenden, die als sichere Enklave für die Ausführung von Smart Contracts in einer privaten ParaTime dient. Der Smart Contract und die verschlüsselten Daten werden in der sicheren Enklave abgelegt. Bevor sie wieder nach draußen gesendet werden, werden diese Daten entschlüsselt, vom Smart Contract bearbeitet und dann verschlüsselt. Dadurch wird sichergestellt, dass persönliche Benutzerinformationen privat bleiben und vor dem Netzwerkadministrator und dem Ersteller von Smart Contracts verborgen sind.

Durch die Möglichkeit, persönliche oder sensible Daten wie Kontoauszüge, Gesundheitsdaten und Sozialversicherungs-nummern sicher durch im Netzwerk erstellte Anwendungen zu nutzen, eröffnet der Datenschutz auf dieser Ebene eine Vielzahl neuer Anwendungsfälle für die Blockchain. Für aktuelle Blockchains wie Ethereum oder Bitcoin ist dieses Potenzial nicht sicher.

Tokenisierte Daten

Oasis Labs bezeichnet tokenisierte Daten als einen digitalen Vermögenswert, der mit Hilfe von datenschutzgerechtem Computing und Blockchain geschaffen werden kann. Mit hoher Integrität ermöglicht die Blockchain Nutzern und Entwicklern, Nutzungsrichtlinien aufzuzeichnen und durchzusetzen. Mit Confidential Computing werden Daten privat gehalten und können nicht ohne Erlaubnis wiederverwendet werden. Durch die Verpfändung ihrer Daten an Anwendungen können Datenanbieter im Netzwerk Anreize für die Nutzung ihrer tokenisierten Daten erhalten, während sie gleichzeitig die volle Kontrolle darüber behalten, wie ihre persönlichen Daten von den von ihnen genutzten Diensten verwendet werden. Anwendungen, die auf der Tokenisierung von Daten basieren, werden bereits von einer Reihe von Projekten im Oasis-Netzwerk entwickelt, darunter Binance, Chainlink, BMW Group, Balancer und andere.

ROSE Token

Das Oasis Network, das im November 2020 eingeführt wurde, hat ROSE als nativen Token. Er wird für die Zahlung von Transaktionsgebühren, die Delegation der Konsensschicht und das Staking von Validierungsknoten verwendet. Es befinden sich maximal 10 Milliarden ROSE-Token im Umlauf. Während des Mainnet-Debüts wurden über 1,5 Milliarden Token verteilt und zum verfügbaren Angebot hinzugefügt.

INJECTIVE

Projektname: Injective

Token: INJ

Website: https://www.injective.com

Rank: 121

Marktkapitalisierung: 300 Mio. US-Dollar

Injective ist eine auf das Finanzwesen spezialisierte Blockchain. DeFi-Anwendungen der nächsten Generation, wie dezentrale Spot- und Derivatbörsen, Prognosemärkte, Kreditprotokolle und mehr, werden von dieser offenen, interoperablen Layer-One-Blockchain unterstützt. Ein vollständig dezentralisiertes, MEV-resistentes On-Chain-Orderbook ist nur eines der starken, grundlegenden Finanzinfrastruktur-Primitive, die Injective auf eine Weise anbietet, die es für Anwendungen einzigartig macht. Alle Arten von Finanzmärkten, einschließlich Spot, Perpetual, Futures und Optionen, sind ebenfalls vollständig On-Chain.

Ethereum, IBC-fähige Blockchains und Nicht-EVM-Chains wie Solana sind alle mit der dezentralen Cross-Chain-Bridging-

Infrastruktur kompatibel. Darüber hinaus bietet Injective eine leistungsstarke Interchain-Smart-Contract-Plattform, die auf CosmWasm aufbaut, die nächste Generation ist und extrem interoperabel ist. Injective verwendet eine Proof-of-Stake-Konsensmethode, die auf Tendermint basiert und speziell mit dem Cosmos SDK entwickelt wurde. Es bietet sofortige Transaktionsgültigkeit und kann eine extrem hohe Leistung aufrechterhalten (10.000+TPS). Ein Injective besteht im Wesentlichen aus vier Teilen:

- Injective Chain nodes
- Injective's bridge smart contracts und orchestrator
- Injective API nodes
- Injective dApps und Werkzeuge

Injective Chain

Die Injective Chain ist ein öffentliches Blockchain-Netzwerk, das speziell dafür entwickelt wurde, die nächste Generation von DeFi-Anwendungen zu ermöglichen. Die Hauptprotokolllogik für Injective wird durch native Module, die auf dem Cosmos-SDK aufgebaut sind, und durch Smart Contracts auf dem CosmWasm Smart Contract Layer implementiert.

Primitive dezentralisierte Börse

Die leistungsfähigste und ausgefeilteste vollständig dezentralisierte, auf Orderbüchern basierende Börsenarchitektur, die derzeit auf Blockchains zu finden ist, wird von der Injective-Blockchain unterstützt. Auf Injective können Entwickler vollständig dezentralisierte On-Chain-Börsen aufbauen, die von der Community kontrolliert werden und ihr gehören, ohne dass sie irgendwelche Abstriche machen müssen. Jede Art von On-Chain-Spot-, Perpetual-, Futures- oder Optionsmarkt kann mit Hilfe von Injective's Unterstützung für den Einsatz von erlaubnisfreien Handelsumgebungen durch Börsen aufgebaut werden.

Orderbuch, Matching-Engine, Liquidations-Engine, Orakel und Versicherungsfonds sind nur einige der dezentralen Komponenten der Börseninfrastruktur. Das primitive Orderbuch von Injective umfasst Funktionen wie Market-

Maker-Rabatte auf der Handelskette, Liquiditätsanreize, fortschrittliche Funktionen für die Verwaltung von Unterkonten, fortschrittliche Auftragstypen (Stop-Loss, Take-Profit, Reduce-Only, Post-Only) und mehr.

Die Austauschinfrastruktur ist mit Smart Contracts auf Injective kompatibel und interoperabel. DeFi-Anwendungen können die komponierbaren Primitive nutzen, um komplexere, höherwertige Anwendungen zu erstellen. Injective kann dank der außergewöhnlichen Interoperabilität seiner Börseninfrastruktur mit anderen IBC-fähigen Blockchains und sogar mit Smart Contracts auf Ethereum als starkes kettenübergreifendes Liquiditätszentrum fungieren, das von einer breiten Palette von Multi-Chain-Anwendungen genutzt wird.

Interchain-Umgebung für CosmWasm Smart Contracts

Mit ausgefeilten Cross-Chain-Funktionen bietet Injective eine interoperable Smart-Contract-Plattform, die auf dem CosmWasm-Protokoll basiert. Darüber hinaus bietet Injective die automatische Ausführung von Smart Contracts durch die

Verwendung von selbstausführenden Smart Contracts, einer brandneuen Primitivität, die eine neue Designumgebung für Anwendungen eröffnet.

Injective Bridge

Die von Injective verwendete Ethereum-Brücke wird durch den einzigartigen Peggy-Bridge-Mechanismus des Unternehmens gesteuert, ist dezentralisiert und wird durch die Validatoren der Injective-Kette gesichert. Injective unterstützt nicht nur den regulären ERC-20-Transfer, sondern auch den Transport beliebiger Daten, was eine einzigartige kettenübergreifende Ausführung und Smart-Contract-Kompatibilität mit Ethereum ermöglicht. Darüber hinaus unterstützt Injective die kettenübergreifende Überbrückung mit jeder anderen IBC-fähigen Blockchain, da es selbst eine IBC-fähige Blockchain ist, die es Entwicklern und Nutzern ermöglicht, auf Assets aus Hunderten von anderen Blockchains zuzugreifen.

Injective API Nodes

Es gibt zwei Verwendungszwecke für API-Knoten:

1. Data-Layer - Für externe Kunden fungieren die Injective API-Knoten als dezentrale Datenschicht. Jeder Knoten der Injective API indiziert Informationen aus der Injective-Blockchain in Echtzeit und bietet APIs mit hoher Geschwindigkeit und geringer Latenz, die mit einer breiten Palette von Anwendungsfällen kompatibel sind, einschließlich, aber nicht beschränkt auf der Bereitstellung von Benutzeroberflächen für Programme wie Börsen. Außerdem für den Hochfrequenzhandel und programmatisches Market Making sowie Hosting einer Vielzahl von dApps, Analysetools, Block-Explorern und anderen Funktionen.

2. Service für Transaktionsrelais - Darüber hinaus können Injective-API-Knoten über den Gebühren-Delegierungsmechanismus von Injective optional einen Transaktions-Relay-Service anbieten, der es

Apps ermöglicht, Nutzern die Möglichkeit zu geben, Transaktionen ohne Gebühren zu senden.

Injective dApps und Werkzeuge

Mit Hilfe des dezentralen Protokolls Injective kann jeder erlaubnisfrei auf die Blockchain und alle darauf erstellten dApps zugreifen. Auf Injective werden gegenwärtig mehrere dApps entwickelt. Dezentrale Börsen (DEXs), die den Nutzern ein anspruchsvolles dezentrales Handelserlebnis bieten, sind derzeit die beliebtesten dApps, die auf der Grundlage von Injective entwickelt wurden. Neben DEXs unterstützt Injective auch eine Reihe weiterer dezentraler Apps (dApps), z. B. für binäre Optionen, Prognosemärkte, Versicherungen und mehr.

INJ Token

Der native Utility-Token von Injective wird INJ genannt. Für Governance, Token-Burn-Auktionen und Staking im PoS-Netzwerk ist INJ eine begrenzte Ressource. Da 60 % aller von dApps erwirtschafteten Gebühren jede Woche über einen Buy-Back- und Burn-Mechanismus versteigert werden, sind die Burn-Auktionen auf Injective besonders ausgeprägt. Dies führt dazu, dass das Angebot an INJ allmählich deutlich abnimmt. Die INJ-Burn-Auktion zeichnet sich dadurch aus, dass sie zum Wachstum des Injective-Ökosystems als Ganzes beiträgt. Injective weist derzeit die höchsten Token-Burn-Raten der Branche auf. Jeder einzelne Aspekt von Injective, einschließlich Ketten-Upgrades, wird durch den INJ-Token gesteuert. Die Injective-Community hat seit dem Start des Mainnets aktiv an der Governance teilgenommen, wobei jeder Vorschlag durch eine DAO-Governance-Abstimmung genehmigt wurde. Um den deflationären Charakter von INJ aufrechtzuerhalten, werden 60% aller von dApps eingenommenen Gebühren in eine On-Chain Buy-Back-and-Burn Auktion eingebracht. Mit einem Proof-of-Stake-System wird INJ zur Sicherung der Injective-Blockchain eingesetzt. Das Staking ist sowohl für Validierer als auch für Delegierer offen.

Durch die Integration von KI in die INJ-Plattform können beispielsweise Handelsentscheidungen auf der Grundlage von maschinellen Lernmodellen automatisiert werden, um den Handelsprozess zu optimieren. Darüber hinaus können KI-Modelle auch für die Risikoanalyse und das Portfoliomanagement eingesetzt werden, um den Nutzern bessere Handelsmöglichkeiten zu bieten. Zudem ist es denkbar, dass INJ in Zukunft auch KI-Modelle für die Überwachung und Prävention von Betrug und Marktmanipulationen auf der Plattform einsetzt, um die Sicherheit und Integrität des Handels zu gewährleisten.

OCEAN PROTOCOL

Projektname: Ocean Protocol

Token: OCEAN

Website: https://oceanprotocol.com

Rank: 147

Marktkapitalisierung: 220 Mio. US-Dollar

Das Internet-Zeitalter lebt von Daten und Informationen, aber die Methoden zur Maximierung des Wertes von Daten stecken noch in den Kinderschuhen. Ocean Protocol ist eine Plattform, die dieses Problem angehen soll, indem sie Daten in einen wertvollen finanziellen Vermögenswert verwandelt. Sie wurde im Jahr 2017 gegründet. Die Tokenisierung von Daten ist die Grundlage des Paradigmas von Ocean Protocol. Datensätze und Datendienste werden über das Ocean Protocol in ERC-20-Assets auf der Ethereum-Blockchain tokenisiert. Auf dem Datenmarktplatz von Ocean können Datenanbieter interessierten Parteien den Zugang zu Daten anbieten und dabei die Vorteile der Blockchain-Technologie in Bezug auf Sicherheit und Nachweisbarkeit nutzen.

Dank der innovativen Methode von Ocean zur Tokenisierung von Daten können Daten sowohl von Einzelpersonen als auch von Unternehmen effektiv und sicher zu Geld gemacht werden. Ocean Protocol erleichtert einen massiven Datenmarkt, indem es fast jedem, der über wertvolle Daten verfügt, ermöglicht, diese zu tokenisieren und zugänglich zu machen. Die Fülle an Daten auf Ocean Protocol, die ansonsten schwieriger oder teurer zu beschaffen wären, ist für Datenanalysten, Forscher, Wissenschaftler und andere interessierte Verbraucher nützlich. Da das Kernteam von Ocean über umfangreiche Erfahrungen in den Bereichen Big Data und KI verfügt, sind die Datenmärkte von Ocean besonders nützlich für datenintensive Unternehmen wie die Künstliche Intelligenz, die ein spezielles Thema für das Projekt ist.

Das primäre Handelsmedium bei Ocean Protocol ist der native Utility-Token OCEAN, der auch für das Abstecken von Daten und die Community-Governance verwendet wird. Die harte Obergrenze für OCEAN-Tokens beträgt 1,41 Milliarden.

Ocean Protocol's Datatokens

Die Grundlage des Ocean Protocol-Marktplatzes und der Plattform bilden Datatokens. Jeder Datensatz und jeder Datenservice auf Ocean erhält einen einzigartigen Datatoken, einen ERC-20-Token, der es Datenanbietern ermöglicht, ihre Investitionen in den jeweiligen Datensatz zu amortisieren. Sie können auf bestimmte Datensätze und Datendienste zugreifen, indem Sie einen bestimmten Datatoken auf dem Ocean-Marktplatz erwerben. Sie müssen nur einen Datatoken an die entsprechende Datenquelle übermitteln, um auf die Daten zuzugreifen. Datatokens können in den meisten Wallets, die ERC-20 akzeptieren, gespeichert werden, ähnlich wie andere ERC-20-Token.

Anwender können Datatokens erwerben, um für einen bestimmten Zeitraum Zugang zu den Daten zu erhalten, oder einen Compute-to-Data-Zugang, der es Ihnen ermöglicht, Berechnungen mit dem Datensatz durchzuführen - eine gängige Technik zur Entwicklung von KI-Modellen. Anstatt die Daten an eine andere Plattform zu übermitteln, auf der ein Algorithmus ausgeführt wird, bezieht sich Compute-to-Data auf die Ausführung eines Algorithmus auf dem Datensatz selbst. Dadurch wird die Datensicherheit aufrechterhalten und gleichzeitig die Nutzung und der Wert der Daten durch Dritte ermöglicht. Datatokens bieten eine verbesserte strukturelle Sicherheit für Datenanbieter, eine Funktion, die manchmal in bestehenden Datenmarktplätzen fehlt, mit diesen und anderen Alternativen zur Datenlieferung, die derzeit entwickelt werden.

Ocean Market

Der Datenmarktplatz für das Ocean Protocol, genannt Ocean Market, funktioniert wie eine dezentrale Börse (DEX) für Daten. Durch das Auflisten und Verkaufen von Daten, das Setzen von OCEAN-Münzen oder das Betreiben einer eigenen Abspaltung von Ocean Market können Nutzer Ocean Market nutzen, um OCEAN zu verdienen. Lasst uns jede dieser Möglichkeiten einzeln untersuchen.

Ein Datenanbieter benötigt nur einen gefragten Datensatz - entweder eine private Datensammlung oder einen öffentlich zugänglichen Datensatz mit dem Potenzial für einen Mehrwert - um mit dem Auflisten und Verkauf von Daten auf Ocean Market zu beginnen. Beispiele für Daten mit Mehrwert sind eine bereinigte oder optimierte Version eines öffentlichen Datensatzes oder Daten mit neuen Bezeichnungen und Kategorisierungen. Es könnte sich auch um einen öffentlich verfügbaren Datensatz handeln, der zusätzlich bearbeitet wurde.

Alle Daten, die ein Anbieter auf Ocean Market zum Verkauf anbieten möchte, müssen zunächst in Form von Datentokens tokenisiert und für den Zugriff verfügbar gemacht werden. Ocean bezeichnet die Auflistung neuer Datenbestände als Initial Data Offering (IDO). Als ERC-20-Token, die über die gesamte Interoperabilität des am weitesten verbreiteten Tokenisierungsstandards von Ethereum verfügen, werden neue Datenwerte dem Markt hinzugefügt.

Datentoken müssen einen Preisfindungsprozess durchlaufen, da es sich um neue Vermögenswerte handelt. Ein Datenanbieter kann sich für einen festen Preis für einen

Datatoken entscheiden oder den automatischen Marktmacher-Mechanismus (AMM) von Ocean nutzen, der von Balancer gesteuert wird, um den Preis zu bestimmen.

Ungefähr der gesamte Verkaufserlös geht an die Verkäufer, während eine kleine Summe (normalerweise 0,3 %) zu gleichen Teilen unter den Interessengruppen, dem Marktplatz und dem Ocean-Ökosystem aufgeteilt wird.

Dies bringt uns zu der folgenden Methode, um auf dem Ocean Market Geld zu verdienen: Einsätze. Die Staker im Ocean Protocol verhalten sich sehr ähnlich wie die Liquiditätsanbieter. Im Rahmen des Ocean-Protokolls bedeutet Staking, dass OCEAN-Token-Besitzer einen Einsatz für bestimmte Datensätze leisten, zu Liquiditätsanbietern für einen bestimmten OCEAN-Datensatz-Pool werden und einen Anteil an den Börsengebühren verdienen, die der Pool einnimmt. Die Standardgebühr beträgt 0,1 % des Tauschvolumens des Pools, wobei der Datenanbieter letztlich das letzte Wort hat und den für die Staker reservierten Anteil erhöhen kann.

Bei diesem Ansatz können die Staker die Datensätze auswählen, die sie "kuratieren" wollen, wie es in der Terminologie von Ocean heißt, und sie erhalten mehr OCEAN-Zahlungen für Datensätze mit höherem Volumen. Dieser Ansatz kann auch dabei helfen, zwischen besseren oder zuverlässigeren Datensätzen und populäreren Datensätzen zu unterscheiden, die tendenziell mehr Liquidität anziehen.

Nicht zuletzt bietet Ocean interessierten Unternehmen die Werkzeuge und die Unterstützung, die sie benötigen, um ihre eigenen Datenmärkte zu starten, entweder durch direktes Forking des Ocean-Protokolls oder durch Nutzung der frei verfügbaren Ocean-Code-Bibliotheken, um andere Ocean-gestützte Datenmarktplätze zu starten. Dies ermöglicht die Entwicklung von weiteren spezialisierten Datenmarktplätzen, die für bestimmte Anwendungsfälle oder Datennischen konzipiert sind. Die Marktplatzgebühr bietet einen finanziellen Anreiz, um den reibungslosen und effektiven Betrieb von Datenmarktplätzen aufrechtzuerhalten und ihr langfristiges Wachstum zu unterstützen.

Die Ocean-Gemeinschaft ist aktiv an der Entwicklung der kommenden OceanDAO beteiligt und stellt Teams zusammen, um die Plattform zu verbessern, das Engagement der Gemeinschaft zu fördern, Kooperationen aufzubauen und andere Aufgaben zu erfüllen. Ocean Protocol ist seit seiner Gründung im Jahr 2017 bestrebt, eine vollständige Dezentralisierung zu fördern. Der OceanDAO, ein Rahmen für gemeinschaftsgeführte Förderanträge, wurde im November 2020 eingeführt. Besitzer von OCEAN-Tokens können wählen, welche Gemeinschaftsinitiativen und Entwicklungen im Ozean durch OceanDAO finanziert werden.

Datenproduzenten können ihre Daten effizient monetarisieren, während Privatsphäre und Kontrolle durch den einzigartigen Daten-Tokenisierungsmechanismus der Plattform gewahrt bleiben, und Datenkonsumenten können über einen umfassenden Marktplatz auf Daten zugreifen, die zuvor unzugänglich waren. Die verbesserte Sicherheit, Benutzerfreundlichkeit und Nachvollziehbarkeit der Blockchain-Technologie kommt allen Mitgliedern des Ocean

Protocol-Ökosystems zugute. Auf diese Weise nutzt Ocean Protocol die Blockchain-Technologie, um den Bereich der Datendienste und Künstlicher Intelligenz voranzutreiben.

ALETHEA

Projektname: Alethea AI

Token: ALI

Website: https://alethea.ai

Rank: 229

Marktkapitalisierung: 143 Mio. US-Dollar

Das KI-Protokoll Artificial Liquid Intelligence (ALI) ist das proprietäre Rückgrat der generativen KI-Wirtschaft von Alethea. Es ermöglicht die Erstellung, Interoperabilität und Verwaltung von KI-Charakteren und -Assets - den Bausteinen der intelligenten Welt von morgen. Mit einer Reihe von persistenten und dezentralisierten Smart Contracts setzt das Protokoll die von den ALI-Token-Inhabern festgelegten Regeln selbst durch. Dies ermöglicht es Entwicklern, KI dApps und Assets zu erstellen, die miteinander kompatibel sind, und bietet eine sichere und vertrauenswürdige Umgebung, in der tokenisierte KI-Assets gehandelt werden können. Alethea AI ist ein Forschungs- und Entwicklungsstudio, das intensiv an der Weiterentwicklung des KI-Protokolls arbeitet. Sie glauben, dass der Schlüssel zum

Erreichen ihrer Mission in der Zusammenarbeit mit denjenigen liegt, die ihre Werte teilen, um die Entwicklung und Einführung des KI-Protokolls voranzutreiben.

Alethea AI konzentriert sich darauf, ein Forschungs- und Entwicklungsstudio für die Verschmelzung von Blockchain und generativer Intelligenz zu werden. Ihre Mission ist es, diese Technologien zu nutzen, um demokratische und dezentralisierte Eigentumsrechte für KI zu ermöglichen. Sie glauben, dass dies der Schlüssel zur Ausschöpfung des vollen Potenzials der KI ist und letztendlich der gesamten Menschheit zugutekommen wird.

Alethea AI implementiert die Leistungsfähigkeit von KI in NFTs, um es den Nutzern zu ermöglichen, NFTs mit KI-Animation, Spracherkennung und generativen KI-Funktionen zu erstellen. Zu diesem Zweck hat die Plattform einen neuen Typ von NFTs entwickelt, die intelligenten NFTs (iNFTs). Das Alethea Metaversum, auch als Arche Noah bekannt, ist der Ort, an dem Plattformentwickler das iNFT-Protokoll nutzen können, um ihre Kreationen zu bauen, zu entwickeln, zu trainieren und von ihnen zu profitieren. Diese iNFTs zeichnen sich dadurch aus, dass Alethea AI das erste Unternehmen ist, das die Verschmelzung von KI und NFT vorantreibt, indem es intelligente Assets mit Persönlichkeitsmerkmalen und der Fähigkeit, sich als Reaktion auf die von ihnen aufgenommenen Daten zu entwickeln und weiterzuentwickeln, bereitstellt.

Die besondere Beziehung zwischen iNFTS und KI

Ein NFT (Non-Fungible Token) steht für ein spezielles digitales Gut oder eine Art von Sammlerstück. Um einen dauerhaften und öffentlich zugänglichen Eigentumsnachweis zu erstellen, werden diese Initiativen auf der Blockchain gehostet. Die Entwickler von Alethea gehen davon aus, dass die Nutzer in der Lage sein werden, NFT-Projekte mit KI zu verknüpfen, um neue Produkte über die Arche Noah, ein intelligentes Metaverse, anzubieten. NFTs können als Vehikel für Investitionen oder als eigenständiges Image oder Produkt dienen.

CharacterGPT, die neueste Erfindung von Alethea AI, wurde 2022 enthüllt. Laut Alethea AI's offiziellem Account macht dies die Besonderheit aus:

„Das weltweit erste multimodale generative KI-System, CharacterGPT von Alethea AI, ermöglicht die Erstellung interaktiver KI-Charaktere aus einer natürlichsprachlichen Eingabeaufforderung."

Es ermöglicht die Generierung von Text zu Symbolen, die eindeutig, intelligent und tokenisierbar sind. Mit CharacterGPT, einem bahnbrechenden KI-System, können Benutzer ihre eigenen interaktiven Charaktere mit einzigartigem Aussehen, Stimme, Intelligenz und Verhalten erstellen. Sie können die Identität Ihres Charakters entwickeln, seine Intelligenz verbessern und ihn in anderen dApps über das KI-Protokoll verwenden, sobald er tokenisiert wurde.

ALI-Token

Auf Protokollebene dient das ALI-Token dazu, die verschiedenen Teilnehmer des iNFT-Protokolls zu regulieren, zu motivieren und zu belohnen. Als dezentralisiertes Protokoll mit einer großen Anzahl von Teilnehmern, die komplexe Aufgaben ausführen, benötigt das iNFT-Protokoll einen nativen Utility-Token, um nicht nur effizient zu funktionieren, sondern auch zu wachsen, indem es die inhärenten Vorteile von Token-Networking-Effekten nutzt.

NUMERAIRE

Projektname: Numeraire

Token: NMR

Website: https://www.numer.ai

Rank: 254

Marktkapitalisierung: 109 Mio. US-Dollar

Mit Hilfe von Künstlicher Intelligenz, maschinellem Lernen, Verschlüsselung und Datenwissenschaft funktioniert die Blockchain-basierte Software Numeraire wie ein Hedgefonds und nutzt Anreize, um Aktienmärkte zu prognostizieren und den Nutzern den Handel mit Aktien zu ermöglichen.

Innerhalb seiner Software bietet Numeraire zwei Programme an, die jeweils eine bestimmte Art des Handels unterstützen. Bei Numeraire Signals werden Handelsstrategien eingereicht, um eine bestimmte Handelsstrategie oder einen bestimmten Titel zu fördern. Beim wöchentlichen Wettbewerb Numeraire Tournament hingegen können die Nutzer Handelsalgorithmen einreichen. Auf der Grundlage der von den Nutzern eingereichten Algorithmen kann jeder

Netzwerkteilnehmer auf das Ergebnis wetten, dass er für das wahrscheinlichste hält.

Der Utility-Token der Plattform, Numeraire (NMR), dient als primäres Zahlungsmittel und wird auch für Wetten auf Ergebnisse verwendet, die auf Marktprognosen basieren. NMR wird als Anreiz verwendet, um die Nutzer der Turnieranwendung in einer wöchentlichen Ziehung zu belohnen. NMR unterstützt alle Softwareprozesse und treibt das Netzwerk an. Da die Software auf dem Ethereum-Netzwerk gehostet wird, ist Numeraire (NMR) ein ERC-20-Token. Um sicherzustellen, dass die Nutzer für die Nutzung ihres NMR belohnt werden, verwendet das Numeraire-Programm das Erasure-Protokoll. Abhängig vom gewählten Prognosemodell zahlt das Protokoll NMR-Token an die Benutzer aus, die NMR auf das richtige Ergebnis setzen. Das Erasure-Verfahren vernichtet die eingesetzten NMR, wenn der Benutzer auf ein falsches Ergebnis getippt hat.

Die Software selbst verwendet algorithmischen Handel und fungiert als Aggregator von KI, bekannt als "Metamodell".

Die Website akzeptiert alle Beiträge von Personen, die ihre Prognosemodelle veröffentlichen können. Die Numeraire-Software handelt dann mit Aktien, die das ausgewählte Prognosemodell verwenden, und fungiert somit als Hedgefonds. Während alle Prognosemodelle über die Numeraire-Apps "Signale" und "Turnier" für jedermann zugänglich sind, findet der Handel an der Börse statt. Eine der 5.000 von Numeraire unterstützten Aktien wird mit einem Ticker und numerischen Daten in ein von einem Nutzer gesendetes Signal aufgenommen. Das System ermittelt dann, ob der Nutzer mit seiner Prognose richtig oder falsch lag und entscheidet auf dieser Basis, ob der Nutzer eine Prämie erhält oder seinen Einsatz verliert. Eine wöchentliche Zusammenstellung von Marktprognosen, die von Datenwissenschaftlern zur Verfügung gestellt und erstellt werden, wird durch die Tournament-App ermöglicht. Anschließend setzen die Nutzer ihre NMR-Tokens auf eine ausgewählte Prognose. Ähnlich wie bei Signals werden die Nutzer bei NMR entschädigt, wenn ihre Vorhersage richtig ist, und verlieren ihre NMR-Tokens, wenn sie falsch liegen.

Die Genauigkeit jeder Vorhersage wird bewertet und die Auszahlung erfolgt alle vier Wochen.

Die Art und Weise, wie Numeraire es seinen Nutzern ermöglicht, Aktien zu handeln und ihre Prognosemodelle unter Verwendung einer Vielzahl von Spitzentechnologien einzureichen, macht es zu etwas Besonderem. Datenwissenschaftler und Nutzer werden von Numeraire ermutigt, Signale hochzuladen und Prognosemodelle für Marktprognosen vorzuschlagen. Dank des Anreizsystems, das von KI, maschinellem Lernen, Datenwissenschaft und Kryptographie unterstützt wird, können Nutzer NMR für die Teilnahme an den Aktivitäten von Numeraire erhalten. Finanzberater und Datenwissenschaftler können die von Numeraire angebotene Spezialsoftware nutzen, um Handelspläne auf der Grundlage relevanter Marktdaten zu erstellen - ein idealer Ansatz, um zusätzliches Geld zu verdienen. Numeraire ist ein hochinnovatives Konzept, das als Crowdsourcing-Tool, das wie ein dezentraler Hedgefonds funktioniert, die Messlatte für ähnliche Netzwerke setzt.

Alle Numeraire-Anwendungen werden durch die Kryptowährung NMR angetrieben, die die Nutzer in verschiedene Prognosemodelle investieren und je nach Leistung belohnt oder bestraft werden. NMRs werden kontinuierlich produziert und verbraucht, aber aufgrund des begrenzten Angebots wird es immer nur 11 Millionen NMRs geben.

PHALA NETWORK

Projektname: Phala Network

Token: PHA

Website: https://www.phala.network/

Rank: 317

Marktkapitalisierung: 80 Mio. US-Dollar

Das dezentrale Cloud-Computing-System Phala Network will mit etablierten Cloud-Computing-Diensten wie Amazon AWS und Google Cloud konkurrieren. Der Begriff "Cloud Computing" beschreibt den Betrieb riesiger webbasierter Datenspeicher, die Endnutzern Rechenkapazitäten, einschließlich Datenspeicherung und -verarbeitung, zur Verfügung stellen. Das Phala-Netzwerk ermöglicht einen dezentraleren Ansatz für Cloud Computing und Datenspeicherung, bei dem die zusätzliche Rechenleistung von normalen Computern genutzt werden kann.

Phala nutzt ein dezentralisiertes, globales Netzwerk von Computerressourcen, das in Bezug auf Leistung skalierbar und gleichzeitig für Vertraulichkeit und Sicherheit optimiert ist, um diese Dienste bereitzustellen. Phala Network ermöglicht den Betrieb eines Netzwerks auf TEE-Basis (Trusted Execution Environment), einer einzigartigen Eigenschaft der Prozessoren, die wir in unseren Computern oder Smartphones finden, um all dies zu erreichen. Intel-CPUs verfügen z. B. über die Intel SGX-Lösung, die die Verwendung eines in die CPU integrierten TEE ermöglicht.

In jedem Fall kann Phala Network mit dieser Funktion eine sichere Umgebung für die Ausführung von Smart Contracts schaffen und so den Verlust vertraulicher Informationen verhindern. Phala Network erstellt zu diesem Zweck ein vollständiges Blockchain-Netzwerk mit den folgenden Rollen:

User - Benutzer können Smart Contracts einsetzen, aufrufen und abfragen. Diese Smart Contracts ermöglichen es den Nutzern, über die Blockchain und Worker Nodes miteinander zu kommunizieren. Indem sie einen Thin Client oder einen vollständigen Knoten ausführen, können sie die Daten auf der

Blockchain sowie die darin angeordneten kryptografischen Beweise validieren. Nutzer können vertrauliche Verträge ohne zusätzliche Hardware verwenden, und fast alle modernen CPUs (ab 2015) verfügen über diese Fähigkeit.

Work nodes - Worker Nodes verwenden TEE-konforme Hardware, um private Verträge auszuführen. Diese Knoten arbeiten außerhalb der Kette. Auf jedem Knoten in der sicheren Enklave (dem sicheren Teil des TEE) ist eine spezielle Software namens pRuntime installiert.

Genesis nodes - Der Genesis-Knoten hilft beim Start des Netzwerks und bei der Konfiguration der Kryptographie. Es gibt nur einen Genesis-Knoten, und der wird beim Debüt der Red Phala eliminiert.

Gatekeeper - Um die Verfügbarkeit und Sicherheit des Netzwerks aufrechtzuerhalten, kümmern sich Gatekeeper um Geheimnisse. Auf der Blockchain werden Gatekeeper dynamisch gewählt und müssen sich an Netzwerkeinsätzen beteiligen, um zu gewinnen. Sie werden belohnt, wenn sie aufgrund ihrer Hausaufgaben online sind, und bestraft, wenn sie sich falsch verhalten, da es immer eine bestimmte Anzahl aktiver Gatekeeper geben muss.

Miners - Die geheimen Verträge werden von den Minern ausgeführt. Sie werden dafür bezahlt, dass sie ihre Rechenressourcen den Nutzern zur Verfügung stellen. Im Gegensatz zu Gatekeepern können Miner das Netzwerk nach eigenem Ermessen betreten und verlassen und müssen nur einen bescheidenen Betrag des Phala-Tokens einsetzen. Für jeden CPU-Kern, der für das Mining verwendet wird, müssen 1,620 PHA-Token eingesetzt werden, um am PHA-Mining teilnehmen zu können.

Remote attestation service - Die Überprüfung, ob ein Worker Node die pRuntime richtig eingesetzt hat, ist ein öffentlicher Dienst. In diesem Fall kann der kryptografische Nachweis des Dienstes zeigen, dass pRuntime innerhalb eines TEE ausgeführt wurde und zu einer bestimmten Ausgabe geführt hat.

Blockchain - Sie dient als das Skelett des Phala-Netzwerks. Sie verfolgt die IDs der Arbeitsknoten, die veröffentlichten Smart Contracts, den aktuellen Zustand der verschlüsselten Verträge sowie die Transaktionen der Nutzer und anderer Blockchains. Sie kann mit anderen Blockchains über die Polkadot-Relay-Chain kommunizieren, wenn sie mit einem Polkadot-Parachain-Slot verbunden ist.

Phala wird als Polkadot-Parachain entwickelt, eine einzigartige Blockchain, die mit der Relay Chain, der primären Polkadot-Blockchain, verbunden ist. Der Konsens von Polkadot, die Abwicklung von Transaktionen und die gemeinsame Sicherheit werden über die Relay Chain abgewickelt. Die Basisfunktionalität von Polkadot wird Phala durch die Verbindung mit der Relay Chain zur Verfügung gestellt. Phala glaubt auch, dass es einfach sein wird, sich mit anderen Parachains zu verbinden, die im Polkadot-Ökosystem erstellt werden, da es eine Parachain ist.

Laut Phala ist jede Berechnung auf der Plattform privat und kann für eine Vielzahl von Anwendungsfällen angepasst werden, von der Verarbeitung von Machine-Learning-Daten für Unternehmen bis hin zur Ausführung von Smart Contracts für DeFi-Anwendungen.

Phala nutzte seine Technologie beispielsweise zur Entwicklung von Web3 Analytics, einer Plattform, die personenbezogene Daten im Geheimen sammelt und verarbeitet. Dank vertraulicher Smart Contracts haben die Nutzer die volle Kontrolle über ihre eigenen Daten, die nur mit ihrer Zustimmung analysiert werden können.

Der native Utility Token, PHA, wird in seinem Cloud-basierten Ökosystem eingesetzt und umfasst eine maximale Versorgung von einer Milliarde PHA-Token. Der Token unterstützt die Netzwerksicherheit und die Aufrechterhaltung des Governance-Systems des Netzwerks. PHA ermöglicht es jedem Teilnehmer, sei es eine externe Blockchain, die zusätzliche Ressourcen benötigt, oder eine Einzelperson, die Daten sicher speichern möchte, IT-Ressourcen und Dienstleistungen zu erwerben. Diejenigen, die Ressourcen zum Schutz des Netzwerks beisteuern, können im Gegenzug in PHA entschädigt werden. Darüber hinaus wird PHA von Wächter- und Erkundungsknoten verwendet, die ihre PHA verwenden müssen, um ihre Aufgaben erfüllen zu können. Die Verwendung von PHA garantiert, dass die Verwendung von PHA als Strafe für böswilliges Verhalten reduziert wird.

Schließlich kann jeder, der einen PHA erwirbt, als Stakeholder an der On-Chain-Governance von Parachain teilnehmen und über gewünschte Änderungen im Phala-Netzwerk abstimmen.

CORTEX

Projektname: Cortex

Token: CTXC

Website: https://www.cortexlabs.ai

Rank: 408

Marktkapitalisierung: 50 Mio. US-Dollar

Cortex ist eine öffentliche Blockchain-Infrastruktur, die den Einsatz von dezentralisierten Anwendungen (dApps) ermöglicht, die von KI-Algorithmen gesteuert werden. Cortex ermöglicht es KI-Entwicklern, ihre Modelle auf die Blockchain hochzuladen und in Smart Contracts zu integrieren. Dabei verifiziert es jeden Schritt des maschinellen Lernens durch den Konsens des PoW-Netzwerks. Die Ethereum Virtual Machine (EVM) wurde auf die Cortex Virtual Machine (CVM) portiert, welche die Basistechnologie des Cortex-Netzwerks darstellt. Die CVM ist abwärtskompatibel zur EVM und verfügt über zusätzliche Schichten für KI-Inferenz (Infer-Anweisungen und deterministische Inferenz-Engine). Intelligente Verträge mit

Inferenzanweisungen können Befehlssätze verwenden, um Modelle aufzurufen.

Der Netzwerkkonsens bei der Ausführung von KI-Programmen wird durch die deterministische Inferenzmaschine Synapse ermöglicht, die sicherstellt, dass ein KI-Modell in verschiedenen Rechenumgebungen exakt das gleiche Ergebnis liefert. Die Ausführung von Smart Contracts und Deals wird mit dem CTXC-Token bezahlt.

Endorphin-Gebühren (wie die Transaktionsgebühren von Ethereum) werden verwendet, um die Anbieter von KI-Modellen zusätzlich zu den Minern zu bezahlen, die bei der Erstellung des Blocks auf dem vollständigen Knoten helfen, wenn eine Transaktion initiiert wird. Für jede Ausführung einer Transaktion wird ein Betrag in Höhe des Endorphin-Limits erhoben. Im Allgemeinen korreliert der Endorphin-Preis umgekehrt mit der Größe des Modells. Dies hat zur Folge, dass die Entwickler von Smart Contracts die KI-Entwickler unterstützen und entlohnen, während die KI-Entwickler einen Anreiz haben, den Entwicklern von Smart

Contracts mehr qualitativ hochwertige KI-Modelle zur Verfügung zu stellen. Auf diese Weise entsteht ein Ökosystem, das die Entwicklung immer besserer KI-Modelle fördert.

Durch die Entwicklung eines tokenomischen Paradigmas, das KI-Entwickler dazu ermutigt, ihre Modelle zu teilen, kann die Cortex-Blockchain die KI dezentralisieren. Eine dezentralisierte Anwendung kann durch KI überall dort verbessert werden, wo eine konventionelle Anwendung verbessert werden kann. Im Spielebereich kann KI auf der Blockchain beispielsweise Spielcharaktere verbessern oder als neutraler Schiedsrichter fungieren (wie in dem kürzlich auf Cortex veröffentlichten Spiel Digital Clash).

Kurzvorstellungen

Da die Blockchain-Technologie relativ neu ist und sich in diesem Bereich sehr viel tut, können hier nicht alle Projekte vorgestellt werden. Es gibt noch weitere KI und Big Data Blockchain Projekte, die interessant sind oder noch interessant werden können. Daher stelle ich an dieser Stelle drei weitere Blockchain-Projekte vor, ohne tiefer ins Detail zu gehen. Sie sind allerdings sehr interessant und sollten in Betracht gezogen werden.

Render Token (RNDR)

Das Blockchain-Projekt RenderToken (RNDR) zielt darauf ab, ein dezentrales Netzwerk für verteiltes GPU-Rendering zu schaffen. Mit anderen Worten, das Projekt zielt darauf ab, ein globales Netzwerk von Rechenressourcen für die Produktion von hochwertigen 3D-Visualisierungen und Animationen zu schaffen, indem es die Leistungsfähigkeit der Blockchain-Technologie mit Dezentralisierung kombiniert.

In der Vergangenheit erforderte das Rendern von 3D-Visualisierungen und -Animationen viel Rechenleistung, die teuer in der Anschaffung und Verwaltung sein kann. RNDR will dieses Problem durch den Aufbau eines dezentralen Netzwerks lösen, das Designern, Animatoren und Künstlern sofortigen Zugang zu der benötigten Rechenleistung ermöglicht, ohne dass teure Hardware oder Software gekauft werden muss.

Die Ethereum-Blockchain treibt das RNDR-Netzwerk an, das Smart Contracts verwendet, um den Handel mit Rendering-Dienstleistungen zwischen Nutzern zu erleichtern. Nutzer können RNDR-Token erwerben, indem sie dem Netzwerk Rechenleistung zur Verfügung stellen. Sie können auch RNDR-Token ausgeben, um andere Nutzer für die Bereitstellung von Diensten zu bezahlen.

Skalierbarkeit ist einer der Hauptvorteile des RNDR-Netzwerks. Je mehr Menschen sich dem Netzwerk anschließen und Rechenressourcen zur Verfügung stellen, desto stärker wird das Netzwerk und kann größere und komplexere Rendering-Aufgaben bewältigen.

Zusammenfassend ist RNDR ein Blockchain-Projekt, das darauf abzielt, ein dezentralisiertes Netzwerk für verteiltes GPU-Rendering zu schaffen, das Designern, Animatoren und Künstlern sofortigen Zugang zu der benötigten Rechenleistung ermöglicht, ohne dass sie teure Hardware oder Software kaufen müssen.

iExec RLC (RLC)

Ziel von iExec RLC ist die Entwicklung einer dezentralen Cloud Computing-Plattform. Damit verfolgt das Projekt, ein Netzwerk von Rechenressourcen zu schaffen, das Einzelpersonen und Organisationen für die Durchführung komplexer Rechenaufgaben nutzen können, darunter Algorithmen für maschinelles Lernen, Big Data-Analysen und wissenschaftliche Simulationen.

Die auf der Ethereum-Blockchain basierende iExec RLC-Plattform verwendet intelligente Verträge, um die gemeinsame Nutzung von Rechenressourcen durch die Nutzer zu regeln. RLC, der proprietäre Token des Projekts, wird auf der Plattform verwendet, um für Rechenleistung zu bezahlen.

Die dezentrale Struktur der iExec RLC Plattform, bei der die Rechenressourcen über ein Netzwerk von Knoten verteilt und nicht in einem einzigen Rechenzentrum zentralisiert sind, ist einer ihrer Hauptvorteile. Da die Kunden Rechenressourcen nach Bedarf abrufen können und nicht in teure Hardware oder Infrastruktur investieren müssen, ist die Plattform widerstandsfähiger gegen Angriffe und Ausfallzeiten und kostengünstiger.

Künstliche Intelligenz, Finanzmodellierung und wissenschaftliche Forschung sind nur einige der Anwendungsfälle für die iExec RLC-Plattform. Die Plattform kann beispielsweise von Forschern genutzt werden, um komplexe Simulationen von Naturphänomenen durchzuführen, oder von Finanzunternehmen, um Algorithmen für die Risikoanalyse und das Portfoliomanagement auszuführen. Die Plattform kann auch zur Analyse großer Datensätze und zum Training von Modellen des maschinellen Lernens eingesetzt werden.

Zusammenfassend lässt sich sagen, dass das iExec RLC-Blockchain-Projekt eine dezentralisierte Cloud-Computing-Plattform aufbauen will, die es den Nutzern ermöglicht, bei Bedarf auf Rechenressourcen zuzugreifen, ohne Geld für teure Hardware oder Infrastruktur ausgeben zu müssen. Die Plattform bietet eine breite Palette von Anwendungen, darunter Künstliche Intelligenz, Finanzmodellierung und wissenschaftliche Forschung.

Verasity VRA

Verasity (VRA) ist eine Blockchain-basierte Plattform für die Videospiel- und Esports-Industrie. Die Plattform verspricht, eine effizientere und transparentere Möglichkeit für die

Interaktion zwischen Inhaltsproduzenten, Werbetreibenden und Zuschauern zu bieten.

Die proprietäre Videoplayer-Technologie, die die Grundlage der Verasity-Plattform bildet, ermöglicht es Inhaltsproduzenten, ihre Werke über eine Reihe von Mechanismen zu vermarkten, darunter In-Video-Werbung, Pay-per-View-Optionen und Abonnements. Über den Videoplayer der Plattform, der auch mit einer Reihe von Spieleplattformen verbunden ist, können die Zuschauer VRA-Token verdienen, indem sie Inhalte ansehen und an ihnen teilnehmen.

Verasity bietet darüber hinaus eine Reihe weiterer Tools und Dienstleistungen an, darunter Social-Media-Sharing-Tools, Analyse-Dashboards und Marketingunterstützung, um Inhalteproduzenten dabei zu helfen, ihr Publikum zu vergrößern und mit ihrer Arbeit Geld zu verdienen.

Auf der Verasity-Plattform dient der VRA-Token als native Währung, um die Interaktionen zwischen Nutzern, Vermarktern und Inhaltsproduzenten zu optimieren. Der

Token, der zur Bezahlung von Premium-Inhalten oder als Trinkgeld für Inhaltsproduzenten verwendet werden kann, kann von den Nutzern durch verschiedene Aktivitäten wie das Ansehen von Videos und die Teilnahme an Umfragen erworben werden.

Das übergeordnete Ziel der Verasity-Plattform ist es, eine dezentralere und offenere Umgebung für die Videospiel- und Esport-Industrie zu schaffen, in der Inhaltsproduzenten und Zuschauer direktere und vorteilhaftere Interaktionen eingehen können.

Verasity schafft mit VeraViews das weltweit leistungsstärkste Werbe-Ökosystem, mit VeraWallet, VeraCard und VeraPay eine offen zugängliche Zahlungsplattform und treibt mit seinem patentierten Rewarded Video-Modul die Aufmerksamkeitsökonomie voran. All diese Initiativen werden durch eine Kombination aus Künstlicher Intelligenz (KI), maschinellem Lernen (ML) und modernsten Blockchain-Technologien angetrieben.

09 | SCHLUSSWORT

Künstliche Intelligenz bietet enorme Potenziale für die nahe und ferne Zukunft. Wird sie heute noch eher im privaten Bereich „getestet" oder für spielerische Zwecke wie TikTok-Filter eingesetzt, stößt sie in Unternehmen bereits auf enormes Interesse. Was in fünf, zehn oder mehr Jahren sein wird, weiß natürlich niemand, auch die KI nicht. Wer schlau genug ist, schaut hinter die TikTok-Filter und versucht zu verstehen, was KI ist und wie sie uns im Alltag oder im Berufsleben helfen kann. Letztendlich wird KI unser Leben beeinflussen, ob wir wollen oder nicht, und es liegt an uns, daraus positive Konsequenzen zu ziehen und zu den Gewinnern der KI-Evolution zu gehören. Warum sollte ich noch tagelang an verschiedenen Website-Designs arbeiten, wenn ich diese mit Hilfe von Grafik-KIs in Sekundenschnelle erstellen lassen kann? Warum sollte ich noch

Werbetexte/Flyer o.ä. schreiben lassen, wenn ich dafür ChatBots o.ä. einsetzen kann? Warum sollte ich noch langwierig Videos bearbeiten und Audioaufnahmen dazu schneiden, wenn ich dies mit Text-To-Speech-KIs in einem Bruchteil der Zeit und in mehreren Ausgabesprachen erledigen kann?

Wer das Potenzial der KI erkennt, wird auch wissen, wie er davon profitieren kann. Und das sind nur die kleinen Potenziale, die jeder Einzelne für sich entdecken kann. Was kann KI in der Medizin leisten? Können KIs in Zukunft Medikamente herstellen, die wir heute nicht herstellen können, weil die Datenmenge zu komplex ist? Könnte eine KI in der Medizin Krankheiten oder Probleme erkennen, bevor sie auftreten, indem sie die Krankengeschichte und Millionen anderer Krankheitsfälle konsumiert? Wäre das nicht faszinierend (wenn auch vielleicht etwas beängstigend)? Wie sieht es heute aus? Wenn ich zum Hausarzt gehe, hat er meine Krankengeschichte noch auf Papier. Wenn ich zum Orthopäden gehe, hat er schon eine digitale Krankenakte, aber nur mit seinen Informationen. Wenn ich dann zum nächsten Arzt gehe, hat der auch nur seine Informationen. Keiner weiß vom Anderen, keiner kann Zusammenhänge erkennen, weil er nur seine eigene Historie kennt. Stellen wir uns nun vor, dass alle Daten einer KI zur Verfügung stehen und diese Zusammenhänge oder Krankheitsbilder finden kann, die jeder Arzt für sich nicht finden kann. Stellen wir uns weiter vor, dass die KI diese Patienteninformationen mit den Informationen von 1.000.000 weiteren Patienten mit ähnlichen Symptomen vergleicht. Das klingt für mich sehr vielversprechend.

Blockchains können hier gerade mit ihrer dezentralen Datenhaltung und Sicherheit einen Beitrag leisten. Ob und in welcher Blockchain solche Projekte jemals realisiert werden, weiß niemand, daher ist es immer ratsam, sich neue Projekte anzuschauen und deren Potenzial zu erkennen. Ein weiterer möglicher Grund, warum Blockchain-Projekte mit Künstlicher Intelligenz in Zukunft genutzt werden könnten, ist die Idee von KI-Tokens als Zahlungsmittel. Nur wer sie besitzt, könnte KI nutzen. Die Token bilden somit die Schnittstelle zwischen der KI und der Blockchain, auf der die KI basiert. Sie könnten also unverzichtbar werden.

Allerdings sollte man immer selbst recherchieren und sich ein eigenes Bild machen, denn es ist nicht einfach, die Spreu vom Weizen zu trennen. Getreu dem Motto und Titel meines ersten Buches: DO YOUR OWN RESEARCH.

Wichtiger Hinweis

Alle Informationen dienen ausschließlich der Weiterbildung und als Grundlage für weitere eigene Recherchen. Subjektive Äußerungen spiegeln nur die Meinung des Autor wider.

Es handelt sich hierbei ebenfalls um keine finanzielle Beratung oder Handlungsempfehlung.

DO YOUR OWN RESEARCH

Matthäus Kandzia

Der Blockchain & Krypto Einsteiger-Guide 2023

Inklusiver einer Übersicht der 25 Top-Projekte

ISBN: 979-8367035551

Wallets, Utility-Token, SideChains, Proof-Of-Stake, CBDC und Co. im Zusammenhang mit Blockchains sind für dich Fremdwörter?

Dann empfehle ich dir mein Buch DO YOUR OWN RESEARCH. Es schafft ein Basiswissen, das dich in der Welt der Blockchain-Technologie unterstützt.

Amazon only.

ABBILDUNGSVERZEICHNIS

QUELLENVERZEICHNIS

„Maschinelles Lernen", https://ki-campus.org/themen/machine-learning, [Aufruf: 15.02.2023]

[Laurenz Wuttke]: „Machine Learning: Definition, Algorithmen, Methoden und Beispiele", https://datasolut.com/was-ist-machine-learning/, [Aufruf: 07.01.2023]

[Michael Graw]: „Best AI Crypto Tokens & Projects to Invest in 2023", https://www.business2community.com/cryptocurrency/ai-crypto-projects, [02.03.2023]

[Diego Geroni]: „Top 5 AI-Blockchain Projects one musk know", https://101blockchains.com/ai-blockchain-projects/, [27.08.2021]

[Dipl.-Ing. (FH) Stefan Luber / Nico Litzel]: „Was ist ein Neuronales Netz? ", https://www.bigdata-insider.de/was-ist-ein-neuronales-netz-a-686185/, [15.02.2018]

„What is cryptocurrency The Graph (GRT) and how does it work?", https://kriptomat.io/cryptocurrencies/the-graph/what-is-the-graph/, [Aufruf: 11.02.2023]

[WILBUR KWOK]: „What is SingularityNET (AGIX) ", https://blog.mexc.com/what-is-singularitynet-agix-creator-wilbur/, [20.01.2023]

„SingularityNET: Merging AI and Crypto", https://learn.bybit.com/altcoins/what-is-singularitynet-agix/, [19.01.2023]

„Fetch.ai (FET): Towards The AI Future", https://learn.bybit.com/altcoins/what-is-fetch-ai-fet-crypto/, [16.01.2023]

„Oasis Network (ROSE): What Is It?", https://learn.bybit.com/defi/what-is-oasis-network-rose/, [23.12.2021]

[José Maldonado]: „What is Oasis Network (ROSE)?", https://academy.bit2me.com/en/what-is-oasis-network-rose/, [02.05.2022]

"Injective (INJ)",
https://research.binance.com/en/projects/injective,
[25.10.2022]

"What Is Injective? (INJ)",
https://www.kraken.com/learn/what-is-injective-inj, [Aufruf:
01.03.2023]

„Injective: The Blockchain Built for Finance",
https://blog.bybit.com/en-US/post/injective-the-blockchain-built-for-finance-blt7e4b46deecf9a931/, [06.09.2022]

[Katharina Buchholz]: "ChatGPT Sprints to One Million Users", https://www.statista.com/chart/29174/time-to-one-million-users/, [24.01.2023]

"What is cryptocurrency Ocean Protocol (OCEAN) and how does it work?", https://kriptomat.io/cryptocurrencies/ocean-protocol/what-is-ocean-protocol/, [Aufruf: 22.02.2023]

[Cryptopedia Staff]: "Ocean Protocol (OCEAN): Decentralized Data as an Asset",
https://www.gemini.com/cryptopedia/ocean-protocol-web-3-0-ocean-market-ocean-token, [23.02.2022]

"Should You Invest In Artificial Liquid Intelligence? Exploring The Marriage Between NFTs And AI", https://www.forbes.com/sites/qai/2023/02/03/should-you-invest-in-artificial-liquid-intelligence-exploring-the-marriage-between-nfts-and-ai/, [03.02.2023]

"What is Numeraire (NMR)?", https://thegivingblock.com/resources/cryptocurrency/numeraire/, [Aufruf: 26.01.2023]

"What is Numeraire? (NMR)", https://www.kraken.com/learn/what-is-numeraire-nmr, [Aufruf: 26.01.2023]

[José Maldonado]: „What is Phala Network (PHA)? ", https://academy.bit2me.com/en/what-is-phala-network/, [29.12.2021]

"What Is Phala Network? (PHA)", https://www.kraken.com/learn/what-is-phala-network-pha, [Aufruf: 13.02.2023]

„Künstliche Intelligenz stärkt Sprach- & Bilderkennung", https://www.coovi.com/ki-staerkt-sprach-bilderkennung/, [07.04.2022]

[Peer Schmidt]: „Künstliche Intelligenz: Definition von KI, Chat- und Bild-Software", https://www.ingame.de/news/kuenstliche-intelligenz-definition-ki-ai-chat-gtp-bild-dall-e-openai-computer-maschine-hamburg-92073750.html, [07.02.2023]

„Natural Language Processing", https://www.sas.com/de_at/insights/analytics/what-is-natural-language-processing-nlp.html, [Aufruf: 03.03.2023]

„What is natural language processing (NLP)? ", https://www.ibm.com/topics/natural-language-processing, [Aufruf: 04.03.2023]

[Dipl.-Ing. (FH) Stefan Luber / Nico Litzel]: „Was ist Natural Language Processing?", https://www.bigdata-insider.de/was-ist-natural-language-processing-a-590102/, [01.09.2016]

[David Engelhardt]: "Cathie Wood sieht in der Künstlichen Intelligenz die Zukunft", https://aktien-mag.de/blog/cathie-wood-sieht-in-der-kunstlichen-intelligenz-die-zukunft/p-90409, [02.02.2023]

[Ingolf Baur]: „KI erfindet Chemie-Waffen", https://www.zdf.de/nachrichten/politik/chemiewaffen-kuenstliche-intelligenz-terrax-ingolf-baur-kolumne-100.html, [24.04.2022]

[Robert Klatt]: „KI entwickelt 40.000 chemische Waffen in 6 Stunden", https://www.forschung-und-wissen.de/nachrichten/chemie/ki-entwickelt-40.000-chemische-waffen-in-6-stunden-13376030, [19.03.2022]

[Matthias Hohensee]: „Woke und Wahrheit", https://www.wiwo.de/unternehmen/it/elon-musk-woke-und-wahrheit/29008902.html, [01.03.2023]

[Jörn Brien]: „ChatGPT: Elon Musk sieht KI als eines der größten Risiken für die Menschheit", https://t3n.de/news/chatgpt-elon-musk-ki-risiken-1534776/, [15.02.2023]

[Matthias Bastian]: „Elon Musk über KI: ‚In fünf Jahren werden die Dinge instabil'", https://the-decoder.de/elon-musk-ki-wird-in-weniger-als-fuenf-jahren-instabil/, [28.06.2020]

„Elon Musk hält KI für »ziemlich gefährliche Technologie«", https://www.spiegel.de/netzwelt/web/elon-musk-sieht-in-kuenstliche-intelligenz-eine-ziemlich-gefaehrliche-technologie-a-4b4b00cd-1fb6-4422-bf4c-2f20231ae202, [02.03.2023]

[Arham Islam]: „What is ChatGPT? Technology Behind ChatGPT",
https://www.marktechpost.com/2023/03/04/what-is-chatgpt-technology-behind-chatgpt/, [04.03.2023]

[Nils Metzger, Jan Schneider]: "Wie Deepfakes im Ukraine-Krieg genutzt werden",
https://www.zdf.de/nachrichten/politik/selenskyj-deepfake-video-ukraine-krieg-russland-100.html, [18.03.2022]

[Julia Klaus]: „Giffey fällt auf "Fake-Klitschko" herein", https://www.zdf.de/nachrichten/panorama/giffey-deepfake-falscher-klitschko-ukraine-krieg-100.html, [24.06.2022]

„Staatsschutz ermittelt nach Fake-Telefonat mit Franziska Giffey", https://www.zeit.de/politik/deutschland/2022-06/deepfake-franziska-giffey-staatschutz, [25.06.2022]

„What is Render Token (RNDR)?", https://thegivingblock.com/resources/cryptocurrency/render-token, [Aufruf: 27.02.2023]

[Jules Urbach]: „The Render Network (RNDR): Decentralized 3D Rendering", https://www.gemini.com/cryptopedia/render-network-3d-rendering-software-render-token-rndr-token, [23.02.2022]

[Colin Harper]: "What is iExec RLC? A Beginner's Guide to Decentralized Cloud Computing", https://coincentral.com/iexec-rlc-beginners-guide/, [01.08.2018]

"Blockchain trifft auf künstliche Intelligenz: Was ihr über KI-Coins wissen müsst", https://t3n.de/news/blockchain-ki-coins-1535788/, [21.02.2023]

[Florian Hielscher]: „Der Wettstreit der Tech-Riesen beim Megatrend Künstliche Intelligenz", https://www.boerse-online.de/nachrichten/aktien/der-wettstreit-der-tech-riesen-beim-megatrend-kuenstliche-intelligenz--20327132.html, [05.03.2023]

[Michael Middleton]: „Deep Learning vs. Machine Learning – What's the Difference?", https://flatironschool.com/blog/deep-learning-vs-machine-learning/, [08.02.2021]

"Difference Between Machine Learning and Deep Learning", https://www.geeksforgeeks.org/difference-between-machine-learning-and-deep-learning/, [07.02.2023]

[Arne Wolfewicz]: "Deep Learning vs. Machine Learning - What's The Difference?", https://levity.ai/blog/difference-machine-learning-deep-learning, [15.02.2023]

"A Beginner's Guide to Important Topics in AI, Machine Learning, and Deep Learning.", https://wiki.pathmind.com/neural-network

[Eda Kavlakoglu]: "AI vs. Machine Learning vs. Deep Learning vs. Neural Networks: What's the Difference?", https://www.ibm.com/cloud/blog/ai-vs-machine-learning-vs-deep-learning-vs-neural-networks, [27.05.2020]

[Klaus Wedekind]: "KI kann offenbar Gedanken lesen", https://www.n-tv.de/technik/KI-kann-offenbar-Gedanken-lesen-article23964171.html, [06.03.2023]

[Katrina Wakefield]: „A guide to the types of machine learning algorithms and their applications", https://www.sas.com/en_gb/insights/articles/analytics/machine-learning-algorithms.html, [Aufruf: 01.03.2023]

[Elena Vodovatova]: "4 TYPES OF MACHINE LEARNING ALGORITHMS", https://theappsolutions.com/blog/development/machine-learning-algorithm-types/, [Aufruf: 01.03.2023]

[James Chen]: "What Is a Neural Network?", https://www.investopedia.com/terms/n/neuralnetwork.asp, [21.09.2022]

[Jose Fumo]: "Types of Machine Learning Algorithms You Should Know", https://towardsdatascience.com/types-of-machine-learning-algorithms-you-should-know-953a08248861, [15.06.2017]

[Manasa Ramakrishnan]: "4 Types of Machine Learning and How to Build a Great Career in Each", https://emeritus.org/blog/types-of-machine-learning/, [05.08.2022]

[Andrew Zola]: "Singularity", https://www.techtarget.com/searchenterpriseai/definition/Singularity-the, [Aufruf: 08.03.2023]

Printed in Poland
by Amazon Fulfillment
Poland Sp. z o.o., Wrocław

23577380R00143